Ben Schaecher (Hrsg.)

Die letzten Interviews des Jan-Philip Stuyveboro

In memoriam

Ben Schaecher (Hrsg.):

Die letzten Interviews des Jan-Philip Stuyveboro

Was Sie als Raucher schon immer über Nichtraucher lesen wollten.

BoD 2007

SCHAECHER, Ben (Hrsg.): Die letzten Interviews des Jan-Philip Stuyveboro. Was Sie als Nichtraucher schon immer über Raucher lesen wollten.
Norderstedt: BoD 2007.

Bibliografische Information der Deutschen Nationalbibliothek:
Die Deutsche Nationalbibliothek verzeichnet diese Publikation in der
Deutschen Nationalbibliografie; detaillierte bibliografische Daten sind im
Internet über http://dnb.d-nb.de abrufbar.

Internet: www.stuyveboro.de

Herstellung und Verlag: Books on Demand GmbH, Norderstedt

ISBN: 9783833493171

Inhalt:

Vorwort des Herausgebers

Am 24.11.2006 nahm sich mein Freund und Kollege, der Kölner Publizist, Essayist und Literaturwissenschaftler Jan-Philip Stuyveboro das Leben. Drei Wochen zuvor war seine Frau Kamelia gestorben.

Stuyveboro galt als gefestigte Persönlichkeit und trotz des schweren Schicksalsschlags gab er sich gefasst, so dass selbst seine engsten Vertrauten, zu denen ich mich glücklicherweise seit Jahrzehnten zählen durfte, nicht ahnten, dass er sich mit Selbstmordgedanken trug.

Wenige Tage nach der schrecklichen Nachricht vom Freitod Stuyveboros erreichte mich ein Brief ohne Absender, der lediglich einen mobilen Datenträger enthielt, auf dem zahlreiche mp3-Files abgespeichert waren. Es stellte sich heraus, dass Stuyveboro kurz vor seinem Tod einem Unbekannten Rede und Antwort gestanden hatte und in insgesamt 6 kurzen Interviews eine Art akustisches Vermächtnis hinterlassen hatte.

Das erste Tondokument (stuyveboro_00.mp3) war das kürzeste. Es richtet sich direkt an mich und beinhaltete eine Bitte. Ich möge, so trug mir Stuyveboro auf, das Tonmaterial bearbeiten, in Buchform publizieren und einen geeigneten Titel dafür finden.

Ich habe lange überlegt, welche Form der Bearbeitung Stuyveboros letztem Willen am besten gerecht werden könnte, und mich schließlich dazu entschlossen, die Interviews wörtlich zu transkribieren und sie dem Leser somit lediglich als Chronist zu präsentieren.

Was den Titel anbelangt, so hatte ich mich nach intensivem Nachdenken für „Das Raucher-Hasser-Buch" entschieden. Das erschien dem Verlag jedoch zu reißerisch.

Ich glaube jedoch nach wie vor, dass Jan-Philip Stuyveboro, der die subtilen Mechanismen der medialen Maschinerie sehr gut kannte[1], ebenfalls eine derart polarisierende Wendung gewählt hätte, die gleichermaßen die Aufmerksamkeit des Boulevardjournalismus' und des seriösen Feuilletons gewonnen hätte.

Ich hoffe, dass der neue und sehr moderate Titel dem Anliegen meines Freundes ebenso dienlich sein wird.

Hamburg-Blankenese im Dezember 2006

Dr. Ben Schaecher

(Leiter des Instituts für norddeutsche Publizistik)

---

[1] Vgl. hierzu exemplarisch: Stuyveboro, Jan-Philip: Mediale Botschaften. Eine kulturkritische Analyse der neumedialen Landschaft im Anschluss an Harold Innis und Marshall McLuhan. Mit einem Vorwort von Bundespräsident Johannes Rau. Baltmannsweiler: Schneider Verlag Hohengehren 2000 (= Politische Medienkritik, Band 2).

stuyveboro_01.mp3

Kotinin-Schnitzel und unhörbare Töne [1]

N.N.[2]: Herr Stuyveboro, lassen Sie mich zunächst
mein tief empfundenes Beileid ausdrücken. Ich habe
erst heute, im Zuge meiner Recherchen, erfahren,
dass Ihre Frau Kamelia vor kurzem verstorben ist.

Stuyveboro: Ich danke Ihnen für Ihre Anteilnahme.

N.N: Ich muss gleichwohl auch ganz offen gestehen,
dass mich sowohl der Ort als auch der Zeitpunkt
unseres Treffens ein wenig irritieren.

Stuyveboro: Das kann ich gut nachvollziehen. Eine
Einladung zu einem solch außergewöhnlichen Gespräch werden Sie jedenfalls nicht erwartet haben.

N.N.: Das können Sie laut sagen. Ich bin auch überrascht, dass es hier solche bizarren Felsen gibt. Übrigens war mir die Brücke, über die man unsere
Aussichtsplattform hier erreicht, ganz und gar nicht
geheuer.

Stuyveboro: Kannten Sie denn die Externsteine nicht?

N.N.: Nein. Ich bin noch nie hier gewesen und ich
habe auch noch nichts darüber gelesen oder so.

Stuyveboro: Genießen Sie doch einfach die Ruhe und
die wunderschöne Umgebung. Sie können ja später,
im Anschluss an unsere Gespräche, noch Informationen über diesen Ort einholen.

---

[1] Alle Kapitelüberschriften stammen vom Herausgeber und dienen lediglich der besseren Orientierung des Lesers.

[2] Trotz intensiver Nachforschungen konnte die Identität des Ge-
sprächspartners von Jan-Philip Stuyveboro bis heute nicht ge-
klärt werden.

N.N.: Ja, das werde ich mit Sicherheit machen. Also: Ungewöhnlicher Ort für eine erste Begegnung. Und ich bin mir auch nicht im Klaren darüber, warum Sie ausgerechnet mich als Gesprächspartner ausgewählt haben.

Stuyveboro: Kennen Sie Kleists Aufsatz „Über die allmähliche Verfertigung der Gedanken beim Reden"?

N.N.: Leider nicht. Was hat er mit uns und unserem Treffen zu tun?

Stuyveboro: Kleist schreibt: „Wenn du etwas wissen willst und es durch Meditation nicht finden kannst, so rate ich dir, mein lieber, sinnreicher Freund, mit dem nächsten Bekannten, der dir aufstößt, darüber zu sprechen."

N.N.: Ah, ja. Ein sehr gelehrt wirkendes Zitat, das mir jedoch überhaupt nicht weiterhilft.

Stuyveboro: Eigentlich ist es ganz einfach. Ich habe Sie hierher gebeten, weil ich mich mit jemandem unterhalten möchte.

N.N.: Was Sie nicht sagen...

Stuyveboro: Und ich möchte mich mit jemandem unterhalten, weil ich glaube, dass ich meine Gedanken zu einem bestimmten Thema nur in einem Gespräch entwickeln kann.

N.N.: Sie sind Publizist! Schreiben ist Ihr Beruf!

Stuyveboro: Ja, ich habe auch versucht, das, worüber ich mit Ihnen sprechen möchte, aufzuschreiben. Aber es hat nicht funktioniert. Ich habe nichts zu Papier bringen können. Es war zum Verzweifeln. Und dann habe ich mich an Kleist erinnert.

N.N.: Ich soll Ihnen also dabei helfen, das, was Sie nicht aufschreiben können, zu sagen und aufzuzeichnen, damit sie es dann irgendwann doch aufschreiben können?

Stuyveboro: So ungefähr stelle ich mir das vor...

N.N.: Ich werde mir jedenfalls Mühe geben, Ihnen behilflich zu sein. Worüber möchten Sie denn reden? Ist es etwas Privates?

Stuyveboro: Ja und nein. Das ist etwas verzwickt.

N.N.: Verzwickt?

Stuyveboro: Lassen Sie es mich so ausdrücken: Ich möchte mit Ihnen über einen gefährlichen und absurden Wahnsinn sprechen, der in unserer Gesellschaft kaum als solcher wahrgenommen wird und den wir nicht länger hinnehmen können.

N.N.: Das klingt wahrhaftig sehr dramatisch. Von welchem Wahnsinn sprechen Sie?

Stuyveboro: Vom Rauchen!

N.N.: Vom Rauchen? Ich weiß wohl, dass da momentan die Wogen hochschlagen, aber dass das Thema für Sie so wichtig ist, dass Sie sich eigens deshalb mit mir hier oben treffen, erstaunt mich jetzt doch mehr als nur ein bisschen.

Stuyveboro: Ich werde es erklären. Aber das geht auch nicht so leicht.

N.N.: Ich werde mich wohl damit abfinden müssen, dass Sie Regie führen und dass ich hier alles nur häppchenweise erfahre.

Stuyveboro: Sie sehen das zu negativ. Ich versichere Ihnen, dass Sie sehr bald schon wissen, warum wir hier sind.

N.N.: Nun gut. Ich übe mich in Geduld. Dann lassen Sie mal hören, was an dem Thema „Rauchen" so spannend ist. Ehrlich gesagt, finde ich die ganze Sache relativ unspektakulär.

Stuyveboro: Das glaube ich Ihnen sogar. Wenn Sie erlauben, möchte ich Ihnen die Brisanz und Absurdität des Themas anhand eines Gedankenexperiments verdeutlichen.

N.N.: Wozu ein Gedankenexperiment?

Stuyveboro: Man muss manchmal einfach eine neue Perspektive einnehmen, um bestimmte Dinge, die einem völlig normal vorkommen, in neuem Licht zu sehen.

N.N.: Bitte sehr! Ich bin gespannt.

Stuyveboro: Stellen Sie sich vor, es gäbe in unserem Kulturkreis eine Fleischsorte, aus der man die ganz besonders unter Erwachsenen beliebten „Kotinin-Schnitzel" herstellt, die täglich millionenfach verkauft und verzehrt werden.

N.N.: Ah, nicht sehr originell. Kotinin, Nikotin. Aber gut, machen Sie nur weiter.

Stuyveboro: Im Gegensatz zu Hamburgern oder Dönern, die zwar auch immer mal wieder in die Schlagzeilen geraten...

N.N.: ...z.B. wegen BSE oder Gammelfleisch...

Stuyveboro: ...im Gegensatz zu Hamburgern oder Dönern ist bei den Kotinin-Schnitzeln jedoch jedem, der sie isst, vollkommen klar, dass die schmackhaften Fleischhappen in jedem Fall hochgiftig sind. Jeder weiß, dass man mit sehr hoher Wahrscheinlichkeit an Kotinin-Krebs erkrankt, der die inneren Organe langsam zersetzt, wenn man jahrelang die leckeren Fleischstückchen auf dem Teller hatte.

N.N.: Wie dramatisch!

Stuyveboro: Die Kotinin-Schnitzel sind nicht nur beliebt: Die Menschen sind so wild auf dieses Fleisch, dass es nicht nur in Restaurants angeboten wird, sondern auch an fast jeder Straßenecke aus speziellen Kotinin-Schnitzel-Automaten gezogen werden kann. Für ein paar Euro bekommt man ein vakuumverpacktes Schnitzel zum Mitnehmen.

N.N.: Sehr schön. Hier wirkt der Verfremdungseffekt ganz gut!

Stuyveboro: Das ist noch lange nicht alles. Stellen Sie sich bitte weiter vor, dass nicht nur diejenigen an Kotinin-Krebs sterben, die diese Schnitzel selbst essen, sondern dass auch diejenigen akut gefährdet sind, die sich bloß zufällig im Raum befinden, wenn ein solches Stück Fleisch verzehrt wird.

N.N.: Ha, ha. Aus Passivrauchen wird passives Schnitzelessen. Die Absurdität nimmt stetig zu...

Stuyveboro: Das ist ja der Sinn des Gedankenexperiments. Also, weiter: Der passive Kotinin-Schnitzel-Konsum ist natürlich für kleine Kinder besonders schädlich. Experten schätzen, dass jährlich über 200 Säuglinge an den Folgen des passiven Schnitzel-„Genusses" sterben.

N.N.: Oh, ein sensibles Thema. Wenn ich Raucher wäre, hätten Sie mich jetzt schon mehr als verärgert!

Stuyveboro: Das ist mir klar. Aber das ist ja auch beabsichtigt. Bei manchen Menschen muss man mit dem Holzhammer zuschlagen, bis Sie wieder etwas merken...

N.N.: Obwohl ja eigentlich unsere Angst-Reflexe noch gut funktionieren: Handy-Strahlung, Vogelgrippe, BSE...

Stuyveboro: Stimmt. Ich erinnere mich noch sehr gut daran, welche Schlagzeilen ein einziger BSE-Verdachtsfall im Blätterwald hervorrief. Da reagierten die Menschen und die Medien regelrecht hysterisch!

N.N.: Ich habe damals Mütter getroffen, die ihren Kindern verboten haben, bei McDonalds einen Hamburger zu essen, weil sie Angst hatten, das Rindfleisch könnte versucht sein.

Stuyveboro: Sehen Sie? Bei BSE funktionieren die Mechanismen noch reibungslos. Keine Mutter würde ihrem Kind erlauben, einen BSE-verseuchten Hamburger zu essen.

N.N.: Natürlich nicht.

Stuyveboro: Es gab aber erschreckend viele Mütter, die ihren Kindern zunächst in blinder BSE-Hysterie die Hamburger verboten haben, sie anschließend auf dem Rücksitz eines Kleinwagens festschnallten und sich dann auf dem Nachhauseweg eine Zigarette anzündeten, die der Kleine im Auto mitrauchen musste.

N.N.: Das glaube ich Ihnen sogar.

Stuyveboro: Stellen Sie sich die Schlagzeilen in der BILD-Zeitung vor, wenn es auch nur den leisesten Verdacht gäbe, dass in irgendeinem Restaurant Kotinin-Schnitzel verkauft werden, die auch für diejenigen hochgefährlich sind, die sie gar nicht selbst essen. „Todes-Schnitzel in immer mehr Restaurants", „Mütter in Angst! Schützt unsere Kinder vor den Killer-Schnitzeln!", „Politiker fordern: Weg mit den Kotinin-Schnitzeln!". So oder ähnlich würde über das Thema berichtet.

N.N.: Ja, das denke ich auch.

Stuyveboro: Wenn man sich jedoch vor Augen hält, dass Zigaretten noch viel gefährlicher und unangenehmer als die imaginären Kotinin-Schnitzel sind…

N.N.: ...weil Schnitzel zumindest nicht so penetrant stinken wie Zigaretten, sich kein Qualm in den Haaren und in der Kleidung sammelt und auch die Augen nicht tränen...

Stuyveboro: ...weil also Kotinin-Schnitzel noch viel harmloser als Zigaretten sind, ist schlichtweg nicht zu verstehen, wieso das Rauchen in der Öffentlichkeit immer noch geduldet wird.

N.N.: Die meisten sehen eben die Gefahren nicht deutlich. Rauchen gehört einfach zum Alltag. Man hat wahrscheinlich irgendwann aufgehört, sich über die damit verbundenen Gefahren und Risiken Gedanken zu machen.

Stuyveboro: Nun ja, das stimmt. Dass die Gefahren des Rauchens im Alltag so leicht und gleichzeitig wirkungsvoll ausgeblendet werden können, hängt natürlich auch damit zusammen, dass die Zeitspanne zwischen dem Rauchen der ersten Zigarette und einer ernsthaften Erkrankung, die durch das Rauchen ausgelöst wird, relativ groß ist.

N.N.: Erste Kippe mit 12, Lungenkrebs, Schlaganfall, Herzinfarkt mit 55.

Stuyveboro: So läuft es vermutlich oft. Ganz anders sähe die Sache aber aus, wenn man an der Sterbequote nichts veränderte, aber die Wirksamkeit der Zigaretten erhöhen würde.

N.N.: Wie meinen Sie das?

Stuyveboro: Nehmen wir an, dass in unserer Gesellschaft knapp 30 Prozent der Raucher Jahrzehnte nach der ersten Zigarette an den Folgen ihrer Sucht sterben.

N.N.: Das klingt plausibel, ich kenne aber keine genauen Zahlen.

Stuyveboro: Es geht auch um das Prinzip, nicht um empirische Untersuchungen. Also: Was wäre, wenn diese 30 Prozent, die letztlich nach Jahrzehnten an den Folgen des Rauchens sterben, bereits von der ersten Zigarette getötet würden? Von 100 „Erstrauchern" geschieht 70 gar nichts, während 30 auf der Stelle tot umfallen!

N.N.: Ich denke, wenn die Chancen auf ein Weiterleben nur bei 70 Prozent lägen, würde kaum jemand mit dem Rauchen anfangen.

Stuyveboro: Das denke ich auch. Ein Grund dafür, dass wir die Gefahren, die von Zigaretten und dem Rauchen ausgehen, so konsequent ausblenden können, ist also die große Zeitspanne zwischen Ursache, d.h. dem Rauchen, und Wirkung, d.h. dem Tod.

N.N.: Es ist aber nicht nur die große Zeitspanne. Es ist auch die unklare Beziehung zwischen Rauchen und Erkrankung bzw. Tod.

Stuyveboro: Ja, natürlich. Viele Raucher beruhigen sich damit, dass sie möglicherweise zur Gruppe derjenigen gehören, die nicht an den Folgen des Rauchens sterben, sondern an einer anderen Krankheit.

N.N.: Und oft ist es doch auch so, dass gerade die Raucher sehr alt werden. Meine Oma hat zum Beispiel jeden Tag zwei Schachteln geraucht und mehrere Klare getrunken und ist trotzdem erst letztes Jahr mit 90 Jahren gestorben.

Stuyveboro: Wenn sie nicht geraucht und nicht getrunken hätte, würde sie wahrscheinlich noch leben.

N.N.: Ein guter Bekannter hingegen: Nie geraucht, nie getrunken, auf dem Bauernhof gearbeitet und trotzdem mit 30 an Lungenkrebs gestorben.

Stuyveboro: Wenn er geraucht und getrunken hätte, wäre er wahrscheinlich nicht älter als 20 geworden.

N.N.: Hm.

Stuyveboro: Um die Beziehung zwischen dem Rauchen und dem Tod zu verwischen, verweist man häufig auf Fälle, in denen Raucher trotz ihres Lasters sehr alt geworden sind oder gesund lebende Nichtraucher früh verstorben sind. Das beweist jedoch gar nichts, denn Rauchen ist in jedem Einzelfall schädlich und verlängert niemals das Leben. Wenn ein Raucher erst mit 90 stirbt, zeigt das daher nicht, dass hier die Zigaretten keinen Schaden angerichtet haben. Auch dem Greis haben die Kippen mit Sicherheit einige Jahre geklaut.

N.N.: Manche Raucher sagen dann Sätze wie: „Mir ist es egal, wenn mich die Zigaretten einige Jahre kosten. Ich könnte auch morgen vom Auto überfahren werden." Sie verweisen darauf, dass sie selbst entscheiden können, ob sie sich in Gefahr begeben und ob sie ihre Lungen teeren.

Stuyveboro: Dagegen wäre auch gar nichts einzuwenden, wenn sie durch ihre Sucht nicht auch immer andere schädigten. Wenn Sie neben einem Alkoholiker stehen, der zuviel Bier trinkt, werden Sie nicht automatisch auch betrunken. Wenn Sie neben einem Nikotin-Süchtigen stehen, der zu viele Zigaretten raucht, werden Sie automatisch auch Schadstoffe einatmen und gesundheitlich geschädigt. Das ist der große Unterschied.

N.N.: Ja, ja, ja. Das wird ja auch gebetsmühlenartig von den Nichtrauchern wiederholt.

Stuyveboro: Wenn die Nikotin-Junkies sich ihre Dosis spritzen würden oder wenn sie die Zigaretten essen würden, dann wäre die ganze Sache nur halb so schlimm. Aber ein Raucher ist genauso gefährlich wie ein Heroin-Fixer, der mit jedem Schuss auch den Umstehenden etwas Stoff in die Venen drückt.

N.N.: Na, jetzt gehen Sie aber zu weit!

Stuyveboro: Meines Erachtens kann man hier gar nicht zu weit gehen.

N.N.: Aber auch Raucher haben doch das Recht auf freie Entfaltung der Persönlichkeit!

Stuyveboro: Ja, sicher. Aber die Freiheit des Rauchers hört spätestens dort auf, wo er die Freiheit der Nichtraucher einschränkt. Stellen Sie sich doch bitte einmal vor, ich ginge mit einer Spraydose, die exakt die Schadstoffmenge einer Zigarette enthält, in ein Restaurant. Und immer dann, wenn am Nachbartisch ein Raucher ausatmet, sprühe ich ein bisschen in seine Richtung.

N.N.: Sie kommen aber auch immer auf Ideen…

Stuyveboro: Ich glaube, es ist klar, was passieren würde: Ich käme bestimmt nicht dazu, ein zweites Mal die Sprühdose einzusetzen, denn mich hätten schon empörte Raucher auf die Straße werfen lassen.

N.N.: Ich möchte das nicht in der Praxis testen!

Stuyveboro: Ich glaube kaum, dass mir jemand das Sprühen mit der Schadstoffdose erlauben würde, nur weil ich darauf verweise, dass mir das Genuss bereitet und dass ich es als Ausdruck meiner Persönlichkeit betrachte, anderen Schadstoffe ins Gesicht zu pusten. Auch ein Hinweis auf meine persönliche Freiheit würde hier nicht weiterhelfen.

N.N.: Wohl kaum.

Stuyveboro: Wenn diese Argumente jedoch im Fall des Schadstoff-Sprayers nicht wirksam sind, wieso sollten sie dann für den Raucher gelten?

N.N.: Vom Standpunkt der Logik aus betrachtet mögen sie ja Recht haben, aber mein Gefühl sagt mir, dass es einen Unterschied zwischen dem Raucher und dem Schadstoff-Sprüher gibt.

Stuyveboro: Natürlich gibt es einen Unterschied. Der liegt aber auf einer anderen Ebene, sozusagen in der gesellschaftlichen Einbettung des Rauchens.

N.N.: Sie meinen: Raucher sind alltäglich, durchgeknallte Schadstoff-Sprayer aber nicht?

Stuyveboro: Das ist zwar etwas salopp formuliert, trifft aber den Kern. Wir wachsen mit Rauchern auf. Zigaretten sind Teil des Alltags, wir sehen qualmende Menschen auf der Straße, im Fernsehen, im Kino, überall.

N.N.: Schadstoff-Sprayer sind hingegen alles andere als alltägliche Erscheinungen.

Stuyveboro: Dass wir für die Probleme und Gefahren des Rauchens im Alltag in den meisten Fällen keinerlei Sensorium haben, ist ein Wahrnehmungsproblem.

N.N.: Ein Wahrnehmungsproblem?

Stuyveboro: Wenn Sie erlauben, möchte ich aus einem sehr bekannten Hörspiel von Günter Eich zitieren, das mir immer einfällt, wenn ich über diesen Punkt nachdenke.

N.N.: Wenn es denn der Sache dienlich ist…

Stuyveboro: Bei Eich heißt es: „Die Griechen glaubten, die Sonne auf ihrer Fahrt über den Himmel riebe sich an ihrer Bahn und erzeuge so einen Ton, der unaufhörlich und ewig gleich bleibend und deshalb für unser Ohr nicht wahrnehmbar sei."

N.N: Und was hat das mit dem Rauchen zu tun? Ihre Zitate sind immer etwas kryptisch, Herr Stuyveboro.

Stuyveboro: Nun, die Gefahren des Rauchens sind vergleichbar mit dem bei Eich beschriebenen unaufhörlichen Ton, den man nicht wahrnehmen kann. Die Gefahr ist objektiv gegeben, aber eine ganze Gesellschaft ist unfähig, sie wahrzunehmen.

N.N.: Na ja, es gibt ja doch eine ganze Reihe von Menschen, die inzwischen erkennen, wie gefährlich Zigaretten sind und die daher, um im Bild zu bleiben, den ewigen Ton doch hören können.

Stuyveboro: Sie haben Recht. Vollkommen unhörbar ist der Ton nicht mehr. Und bei Eich geht es auch folgendermaßen weiter: „Wie viele solcher unhörbarer Laute leben um uns? Eines Tages werden sie zu vernehmen sein und unser Ohr mit Entsetzen erfüllen..."

N.N.: Ich habe so etwas übrigens schon häufiger erlebt. Da ist ein störendes Geräusch, das man jedoch schon nicht mehr hört, weil es sich vollständig aus dem Bewusstsein geschlichen hat. Und dann wird man von jemandem auf dieses Geräusch wieder aufmerksam gemacht und plötzlich ist es wieder da – viel störender als zuvor! Und man kann sich dann gar nicht mehr vorstellen, dass man es **nicht** wahrnehmen konnte.

Stuyveboro: So ähnlich funktionieren die Mechanismen beim Thema Rauchen auch. Bislang hören jedoch nur ganz wenige den eindringlichen Warnton und ihre Ohren sind – um mit Eich zu sprechen - mit Entsetzen erfüllt. Es ist unsere Aufgabe, diejenigen, die noch taub sind, auf das störende Geräusch hinzuweisen! Wer einmal den Warnton hört, wird ihn nicht mehr los. Wer einmal erkannt hat, welchen Wahnsinn wir täglich kollektiv dulden, der wird sich kaum noch vorstellen können, dass er einmal zu denjenigen gehörte, die diese Gefahren konsequent ausblenden konnten.

N.N.: Und unsere Gespräche sollen diesen Zweck erfüllen? Sie möchten, dass die Menschen den unaufhörlichen Warnton endlich wahrnehmen?

Stuyveboro: Wenn wir das erreichen könnten, wäre der Sache gedient. Und jetzt machen Sie das Gerät bitte aus. Es genügt für den Moment. Ich brauche eine Pause.

N.N.: O.K., das mache ich. Es ist ja wirklich herrlich hier oben, was? Und keine Menschenseele weit und breit. Prima, ich denke, ich werde noch mal ---

Zufallstöter und Nitro-Jongleure

N.N.: So, das Ding läuft wieder. Dies ist ein Test! Dies ist ein Test! Eins, zwei... ja, funktioniert.

Stuyveboro: Gut, dann können wir ja weitermachen.

N.N.: Ich habe noch mal über unser erstes Gespräch nachgedacht und finde, dass Sie sehr einseitig argumentieren. Es gibt ja auch durchaus ernstzunehmende Argumente der Raucher, die sich dagegen wehren, dass sie in der Öffentlichkeit gleichsam verfolgt und an den Pranger gestellt werden.

Stuyveboro: Nun, dann nennen Sie mir doch bitte eines dieser Argumente.

N.N.: Sie haben z.B. darauf hingewiesen, dass man das Rauchen wegen der damit verbundenen Risiken und Gefahren sofort verbieten müsste.

Stuyveboro: Ja, stimmt.

N.N.: Die Raucher könnten auf die Idee kommen, andere gesellschaftlich akzeptierte bzw. verdrängte Gefahren zu nennen, die viel bedrohlicher sind als das Rauchen und bei denen niemand so militant ein Verbot fordert, wie bei den Zigaretten.

Stuyveboro: Sie sprechen wahrscheinlich von den Autos, oder?

N.N.: Genau! Im Straßenverkehr sterben täglich Menschen und die Autos verpesten in ganz erheblichem Maße die Umwelt. Ein Raucher könnte nun sagen: Schafft doch erstmal die viel größere Gefahr ab, die von den Autos ausgeht, bevor ihr uns Raucher verfolgt und diskriminiert.

Stuyveboro: Das Argument wäre nicht einmal dann überzeugend, wenn Autos tatsächlich gefährlicher wären als Zigaretten.

N.N.: Wieso? Da ist doch was dran: Alle regen sich über das Qualmen in der Öffentlichkeit auf und über die Autos spricht in dieser Weise kaum jemand.

Stuyveboro: Sie haben schon Recht, dass man auch beim Thema Straßenverkehr sensibler sein sollte. Es gibt da ja auch einige Aktivisten. Aber das steht auf einem anderen Blatt. Nehmen wir um des Argumentes Willen einmal an, Autos wären gefährlicher als Zigaretten, obwohl natürlich durch das Rauchen weitaus mehr Menschen sterben als durch Autos.

N.N.: O.K, wenn also Autos gefährlicher wären als Zigaretten, warum ist dann das Raucher-Argument falsch? Dann müsste man doch tatsächlich erstmal die Autos abschaffen, bevor man auf den Rauchern herumhackt.

Stuyveboro: Dieses Argument geht davon aus, dass man ein kleineres Übel erst dann abschaffen sollte, wenn man zuvor ein viel größeres beseitigt hat.

N.N.: Das ist sehr polemisch formuliert, Herr Stuyveboro!

Stuyveboro: Wenn man jedoch dieser seltsamen Logik folgt, dann könnte ich morgen einen Verein gründen, dessen einziges erklärtes Ziel ist, täglich zehn Menschen nach dem Zufallsprinzip zu erschießen und …

N.N.: … ihre Beispiele werden immer abstruser! Ein solcher Verein dürfte natürlich nicht gegründet werden und wenn es ihn gäbe, würde er sofort verboten!

Stuyveboro: Wenn jemand forderte, dass mein neuer *Verein der Zufallstöter* verboten werden soll, dann würde ich darauf hinweisen, dass doch durch das Rauchen täglich viel mehr Menschen sterben als durch meinen kleinen Club und dass man zunächst das Rauchen verbieten müsse, bevor man sich legitimerweise mit meinem Verein auseinandersetzen darf.

N.N.: Eine merkwürdige Rechtfertigung!

Stuyveboro: Aber dieses Argument hat dieselbe Form wie das Raucherargument: Bevor man ein kleines Übel angeht, soll man sich erstmal um die großen kümmern. Wenn Sie mein Argument mit dem *Zufalls-Töter-Verein* abstrus finden, können Sie das Raucherargument nicht gleichzeitig überzeugend finden.

N.N.: Hm. Na gut. Ich werde noch einmal darüber nachdenken.

Stuyveboro: Tun Sie das. Im Übrigen müsste man natürlich noch ergänzen, dass wir unsere gesamte Gesellschaft in den Grundfesten umbauen müssten, wenn wir von heute auf morgen ein Autoverbot einführten. Das öffentliche Leben würde zusammenbrechen, die Wirtschaft kollabieren etc. Ein komplettes Rauchverbot wäre hingegen vollkommen problemlos umsetzbar und das öffentliche Leben würde sogar davon profitieren.

N.N.: Es gibt ja auch noch andere Argumente gegen ein Rauchverbot.

Stuyveboro: Bitte sehr! Ich bin gespannt!

N.N.: Insbesondere die Gastwirte und zahlreiche Politiker setzen auf Toleranz und Vernunft, statt auf Gesetze und Verbote. ‚Warum muss es in Deutschland für alles ein eigenes Gesetz geben?', fragen skeptische Raucher doch wohl zu Recht.

Stuyveboro: Dieses Argument amüsiert mich jedes Mal. Eigentlich müsste man ja fragen: Warum gibt es in Deutschland für alles Gesetze, aber gegen das Rauchen nicht? Bevor wir eine DIN-Norm für EU-Bananen erlassen, sollten wir lieber das Rauchen gesetzlich verbieten. Es ist schon merkwürdig, dass die Raucher ausgerechnet beim Rauchverbot ihre Abneigung gegen gesetzliche Regelungen entdecken.

N.N.: Aber es stimmt doch: Vernunft und Toleranz sind besser als Gesetze und Verbote.

Stuyveboro: Natürlich. Das gilt aber nur dann, wenn man es mit rational Handelnden zu tun hat.

N.N.: Wollen Sie damit andeuten, Raucher seien nicht rational?

Stuyveboro: Sie sind es nicht, wenn sie ihrer Sucht gehorchen müssen. Raucher sind Abhängige, Süchtige. Und mit Süchtigen kann man nicht rational über ihre Sucht diskutieren. Versuchen Sie mal, einen Heroin-Junkie durch vernünftige Argumente vom nächsten Schuss abzuhalten.

N.N.: Das wird sehr schwierig werden.

Stuyveboro: Wieso Raucher dann die einzigen Schwerstabhängigen sein sollen, die mit rationalen Argumenten zur Rücksichtnahme bewegt werden können, ist mir dann aber schleierhaft.

N.N.: Halten Sie denn die Raucher wirklich für derart irrational?

Stuyveboro: Ich will Ihnen mal ein Beispiel dafür geben, in welch grotesker Weise die Raucher ihren Verstand ausschalten, wenn es um die Befriedigung der Sucht und die damit verbundenen Konsequenzen geht.

N.N.: Bitte sehr!

Stuyveboro: Man könnte doch denken, dass viele Raucher eigentlich ganz vernünftig sind, sich aber der Gefahren, die mit dem Rauchen verbunden sind, gar nicht recht bewusst sind oder die Risiken für geringer halten, als es in Wahrheit der Fall ist.

N.N.: Wenn das so wäre, könnte es auch in Ihrer Gedankenwelt vernünftige Raucher geben.

Stuyveboro: Dummerweise verhält es sich aber genau umgekehrt. Es ist gerade nicht so, dass Raucher die Gefahren des Zigarettenkonsums unterschätzen.

N.N.: Wie kommen Sie zu dieser Überzeugung?

Stuyveboro: Wenn man Raucher darum bittet, ungefähr abzuschätzen, in welchem Maße sich die Lebenserwartung eines Rauchers durch seine Sucht verkürzt, werden im Schnitt Werte angegeben, die 2-3 Jahre über den medizinisch ermittelten Daten liegen.

N.N.: Das ist erstaunlich.

Stuyveboro: Es bedeutet vor allem, dass die Raucher weiterhin am Glimmstängel hängen bleiben, obwohl sie die Gefahren nicht nur genau kennen, sondern sogar überschätzen. Ein solches Verhalten ist das krasse Gegenteil von rationalem Handeln. Und aus diesem Grund kann man bei Rauchern nicht auf Vernunft, Einsicht und Toleranz setzen, sondern muss mit harten gesetzlichen Maßnahmen reagieren.

N.N.: Sie glauben also nicht an das friedliche Miteinander von Rauchern und Nichtrauchern oder an den klärenden Dialog, wenn es zu Konflikten kommt?

Stuyveboro: Jeder Nichtraucher, der in einem Restaurant schon einmal an die Vernunft oder Toleranz eines am Nebentisch Rauchenden appelliert hat, wird wissen, wie die Reaktion ausfällt: „Hier ist das Rauchen doch erlaubt, sie müssen sich ja nicht in dieses Restaurant setzen, wenn sie so empfindlich sind." Und das ist sicher noch eine Antwort der freundlichen Art.

N.N.: Da haben Sie allerdings Recht. Mir ist es auch noch nie gelungen, einen Raucher in einem Restaurant oder in einer Bar zum Löschen seiner Zigarette zu bewegen.

Stuyveboro: Und wenn Vernunft nicht mehr fruchtet, dann müssen Gesetze und Verbote greifen. Das ist eigentlich sehr einfach zu verstehen.

N.N.: Die Zigarettenindustrie wird ja nicht müde, zu behaupten, dass Rauchen vor allem Genuss und nicht etwa Sucht sei. Raucher greifen also nicht zur Zigarette, weil sie durch die Sucht getrieben werden, sondern weil sie zum Beispiel nach dem Essen ganz bewusst eine Zigarette genießen möchten.

Stuyveboro: Nun, ich denke, dass man in dieser Debatte am allerwenigsten darauf hören sollte, was die Tabakindustrie verlauten lässt. Dass diese Leute ein großes Interesse haben, Rauchen als möglichst ungefährlich und unproblematisch erscheinen zu lassen, liegt auf der Hand. Es mag sicher einen gewissen Prozentsatz der Raucher geben, der nur dann zum Glimmstängel greift, wenn er bewusst genießen will. Doch die meisten Raucher sind sicher süchtig und keinesfalls Genuss-Konsumenten. Es gibt ja inzwischen eine ganze Industrie, die sich um diejenigen kümmert, die verzweifelt mit dem Rauchen aufhören möchten. Das passt wohl kaum ins Bild, wenn es vor allem Genießer und nur ganz selten Süchtige gäbe.

N.N.: Aber hat denn der Raucher nicht wenigstens Recht, wenn er sagt, dass kein Nichtraucher gezwungen wird, sich in ein verqualmtes Lokal zu setzen?

Stuyveboro: Sie meinen: Wer sich an einem Ort freiwillig aufhält, muss die Bedingungen, die dort herrschen, fraglos akzeptieren?

N.N.: Jeder weiß, dass in Restaurants geraucht wird. Wer dann hingeht und sich über den Qualm aufregt, ist selbst schuld.

Stuyveboro: Eine sehr merkwürdige Argumentation.

N.N.: Wieso?

Stuyveboro: Es wird ganz selbstverständlich davon ausgegangen, dass die Luft in den Restaurants den Rauchern gehört, die anscheinend bestimmen können, was damit geschieht. Und wenn sich die Raucher einmal entschieden haben, die Innenräume zu vergiften, dann muss man diese Bedingungen akzeptieren oder eben draußen vor der Tür bleiben.

N.N.: Ja, genau so ist es. Und das ist doch auch in Ordnung, auch wenn Sie es mal wieder übertrieben polemisch formuliert haben.

Stuyveboro: Da sieht man erneut, wie sehr Ihnen die Rauchergesellschaft bereits das Gehirn vernebelt hat.

N.N.: Na, na...

Stuyveboro: Wenn jemand ernsthaft behauptet, dass es normal und in Ordnung sei, in vergifteten Innenräumen zu essen und zu trinken, dann finde ich das schon sehr bemerkenswert.

N.N.: Das meine ich ja auch nicht...

Stuyveboro: Aber Ihre Argumentation läuft genau auf diese Behauptung hinaus. Sie sagen, dass die Luft in den Restaurants den Rauchern gehört und dass die Raucher Sie mit Ihren Nikotin-Flatulenzen vergiften dürfen und dass ein Nichtraucher all dies weiß und sich ja vor dem Betreten eines Restaurants überlegen kann, ob er sich die verqualmte Luft zumuten will oder nicht.

N.N.: Nun ja...

Stuyveboro: Jetzt machen Sie bitte keinen Rückzieher. Ich will Ihnen nur zeigen, wie abstrus dieses „Ein-Nichtraucher-weiß-doch-was-ihn-erwartet"-Argument ist.

N.N.: Noch ist mir nicht vollkommen klar, warum...

Stuyveboro: Wir reden hier vom Besuch eines Restaurants, in dem man z.B. isst und trinkt und sich unterhält. Und es geht um frei zugängliche Gaststätten, in denen jeder essen und trinken darf, nicht um exklusive Geheimlogen, in die nur Auserwählte eintreten dürfen.

N.N.: Ich verstehe nicht, worauf Sie hinauswollen.

Stuyveboro: Stellen Sie sich vor, wir beide würden einen geheimen Club gründen, der nicht mehr als 10 Mitglieder hat. Einmal im Monat treffen wir uns an einem abgeschiedenen Ort und jonglieren mit Nitroglyzerin. Manchmal geht etwas schief und einige Clubmitglieder sterben.

N.N.: Die Nitro-Jongleure! Ihre Beispiele werden immer abenteuerlicher!

Stuyveboro: Wenn jetzt jemand käme und eine Mitgliedschaft in unserem Club beantragte, dann würde man doch sagen: Er weiß was er tut, er tut es freiwillig und offenbar macht es ihm nichts aus, dass wir mit Nitroglyzerin jonglieren. Wir nehmen ihn auf! Wenn der Neuling sich dann aber darüber beschwerte, dass wir Nitro-Jongleure sind und dass es tödliche Unfälle gibt, dann würden wir zu Recht sagen, dass er doch vorher gewusst habe, worauf er sich einlässt.

N.N.: Genau!

Stuyveboro: Aber das, was für diesen seltsamen Nitro-Club gilt, ist natürlich nicht auf Restaurants übertragbar. Ein Restaurant ist kein geheimer Männerclub mit abstrusen Mitgliedsregeln, zumindest sollte es keiner sein. Ein Restaurant steht prinzipiell jedem offen, es ist ein halb-öffentlicher Ort, an dem man Alltägliches tut: Man isst, man trinkt, man unterhält sich. Millionen von Menschen halten sich täglich in Restaurants auf und die meisten von ihnen sind Nichtraucher. Warum sollte nun an diesen Orten die Luft ausgerechnet denen gehören, die sie mutwillig und wissentlich vergiften?

N.N.: Hm…

Stuyveboro: Und nur weil man das in unserer Gesellschaft merkwürdigerweise als vollkommen selbstverständlich erachtet, setzt man dann dem ganzen noch die Krone auf, indem man sagt, dass die Nichtraucher doch genau wissen, was sie in einem Restaurant erwartet und dass sie sich dann bitte schön nicht beschweren sollen, wenn dort geraucht wird.

N.N.: Hm…

Stuyveboro: Wer in den geheimen Nitro-Club aufgenommen werden will, der darf sich tatsächlich nicht beschweren, wenn dort wirklich mit Nitroglyzerin hantiert wird. Wer an einem gleichsam öffentlichen Ort nur etwas essen und trinken möchte, der darf sich sehr wohl beschweren, wenn dort die Atemluft vergiftet wird. Aus der Tatsache, dass die Raucher in den Restaurants die Luft zu ihrem Eigentum erklärt haben, folgt weder, dass ihnen die Luft tatsächlich gehört, noch folgt daraus, dass man diese mehr als fragwürdige Inbesitznahme einfach akzeptieren muss.

N.N.: Ich weiß nicht so recht...

Stuyveboro: Wenn es in unserer Gesellschaft zufällig Tradition geworden wäre, dass ca. ein Drittel der Restaurantbesucher andere Gäste einfach ohrfeigt, weil ihnen das angeblich Genuss bereitet, dann folgt daraus auch nicht, dass man sich entweder fraglos ohrfeigen lassen muss oder keine Restaurants mehr betreten darf. Die einzig vernünftige Reaktion wäre, das Ohrfeigen zu verbieten, damit man wieder ungestört tun kann, was man im Restaurant tun möchte: essen, trinken, sich unterhalten.

N.N.: Wenn man Sie so reden hört, dann müsste es eigentlich schon lange ein konsequentes Rauchverbot geben.

Stuyveboro: Natürlich.

N.N.: Fakt ist aber, dass es offensichtlich gar keine Nachfrage nach rauchfreien Lokalen gibt. Denn wenn es tatsächlich so viele Nichtraucher gibt, die ohne Rauchbelästigung speisen möchten, dann hätte sich längst ein Angebot für diese Nachfrage gefunden.

Stuyveboro: Falsch.

N.N.: Falsch? Wieso? Sind beim Rauchen die Gesetze der freien Marktwirtschaft außer Kraft gesetzt?

Stuyveboro: Viele Wirte denken ja so: Wenn ich in meinem Lokal das Rauchen verbiete, dann bleibt die Hälfte der Kundschaft weg. Sie sehen ja, dass sehr viele Gäste rauchen und haben die Befürchtung, dass sie diese Kunden vergraulen, wenn sie ein Rauchverbot einführen.

N.N.: Was wohl auch stimmt.

Stuyveboro: Was die meisten nicht bedenken, ist, dass sie inzwischen nur noch das Publikum in ihren Kneipen und Restaurants sitzen haben, das sich mit den unsäglichen Bedingungen einverstanden erklärt. Viele Menschen gehen wegen des Rauchs gar nicht mehr in Restaurants oder Kneipen. Sie bleiben ganz zu Hause.

N.N.: Na ja, ob das stimmt…

Stuyveboro: Und hinzu kommt, dass ein Wirt, der von heute auf morgen sein Lokal rauchfrei macht, wohl erst einige Zeit bräuchte, um sein besonderes Angebot publik zu machen. In den ersten Wochen kämen vielleicht einige Raucher nicht mehr, ohne dass dieser „Verlust" durch neue, nichtrauchende Gäste ausgeglichen würde. Er hätte vielleicht zunächst tatsächlich weniger Gäste.

N.N.: Sehen Sie?

Stuyveboro: Das ist aber nur ein weiteres Argument für ein komplettes und umfassendes Rauchverbot: Wenn alle Restaurants und Gaststätten auf einen Schlag rauchfrei würden, gäbe es keine Anti-Rauch-Pioniere, die durch ihr mutiges Handeln ein unternehmerisches Risiko eingehen müssten.

N.N.: Ich kenne ein Nichtraucher-Restaurant, das ganz schnell pleite gemacht hat.

Stuyveboro: Das stärkt mein Argument nur. Und außerdem: Wenn ein normales Restaurant pleite geht, sagen Sie da auch: Oh, das lag daran, dass das Rauchen *nicht* verboten hat?

N.N.: Natürlich nicht, haha.

Stuyveboro: Wenn ein Nichtraucher-Restaurant schließen muss, dann wird das aber sofort darauf zurückgeführt, dass dort das Rauchen verboten war. Ich sage es Ihnen ganz ehrlich: Auch in einem Nichtraucher-Restaurant muss das Angebot und muss der Service stimmen, sonst gehe ich nicht mehr hin.

N.N.: Na gut, ich kann ein wenig nachvollziehen, warum es für einen einzelnen Restaurantbesitzer schwierig ist, mit einem reinen Nichtraucherlokal erfolgreich zu sein. Die Zielgruppe weiß unter Umständen von der Existenz dieses rauchfreien Kleinods noch gar nichts, die Mehrzahl der Raucher wird aber erstmal vergrault.

Stuyveboro: Ich weiß, dass ich mich dadurch angreifbar mache, aber ich glaube, dass ein Rauchverbot in Restaurants auch positive Auswirkungen auf die Zusammensetzung der Gäste hätte.

N.N.: Wie darf ich das denn verstehen?

Stuyveboro: Ich glaube, dass das Rauchen immer mehr zu einem Unterschichten-Phänomen wird.

N.N.: Das ist aber keine politisch korrekte These, Herr Stuyveboro!

Stuyveboro: Und ich kann sie auch nicht empirisch belegen, sondern nur durch ganz subjektive Beobachtungen stützen.

N.N.: Welche Beobachtungen meinen Sie?

Stuyveboro: Nun, ich bin z.B. häufig auf Bahnhöfen. Und dort gibt es ja inzwischen sogenannte „Raucherzonen", wo sich die Abhängigen versammeln.

N.N.: Ja, das habe ich auch schon mal gesehen.

Stuyveboro: Wenn Sie sich ansehen, wer in diesen Raucherzonen steht, dann können Sie schon den Eindruck gewinnen, dass Zigaretten zum Statussymbol einer gewissen sozialen Schicht geworden sind.

N.N.: Ich sehe dort aber auch normale Leute!

Stuyveboro: Ja, natürlich. Aber wenn Sie zum Beispiel eine viel zu junge Mutter mit schlabberigen Hosen und einen viel zu jungen Vater mit einem Trainingsanzug aus Ballonseide sehen, die einen Kinderwagen schieben, dann können Sie fast sicher sein, dass die beiden auch rauchen.

N.N.: Das sind möglicherweise Einzelfälle.

Stuyveboro: Gestern sah ich in einem der Boulevard-Magazine einen Bericht über eine Frau, die von Hartz IV leben muss. Sie weinte vor der Kamera, weil sie von knapp fünf Euro pro Tag sich und ihren kleinen Sohn durchbringen muss. Dann steckte sie sich eine Zigarette an. Man sah an ihrer fahlen Haut und an ihren strohigen Haaren sowieso, dass sie eine starke Raucherin ist. Hier raucht die Unterschicht und beklagt sich dann auch noch, dass zu wenig Geld zum Leben übrig bleibt!

N.N.: Wenn Sie da mal nicht nur billige Klischees bedienen.

Stuyveboro: Eine andere Frau, Kettenraucherin und allein erziehende Mutter, wollte vom Staat eine größere Wohnung. Ihre Begründung: Sie habe zurzeit nur ein Zimmer, so dass es sich nicht vermeiden ließe, dass sie auch raucht, wenn dort ihre zwei Jahre alte Tochter schläft.

N.N.: Hier wird vielleicht auch bewusst von den Medien ein bestimmter Zusammenhang inszeniert, das müssten Sie als Experte doch eigentlich durchschauen!

Stuyveboro: Ganz so einfach ist es eben nicht, weil mir in meinem Alltag immer wieder Menschen begegnen, bei denen die äußere Erscheinung auf die Zugehörigkeit zu einer bestimmten Schicht schließen lässt und bei denen dann immer auch die Kippe im Mund dazugehört. Ich bleibe dabei: Das Rauchen entwickelt sich immer mehr zu einem Markenzeichen der Unterschicht.

N.N.: Ich will dieses Thema jetzt nicht weiter vertiefen.

Stuyveboro: Nun gut, dann lassen Sie uns eine Pause machen.

N.N.: So sei -

stuyveboro_03.mp3

Whirlpool-Pinkler und Nicht-Luftnette

N.N.: So, nun kann es weitergehen.

Stuyveboro: Das ist gut.

N.N.: Ich habe den Eindruck, dass Sie zumindest bei unserem letzten Gespräch ein wenig zu einseitig und emotional wurden.

Stuyveboro: Ach ja? Gehöre ich für Sie zu den militanten Nichtrauchern?

N.N.: Also manchmal finde ich Ihre Sichtweise schon etwas überzogen.

Stuyveboro: Ich kenne diese Reaktion. Es ist natürlich ungewöhnlich und manchmal etwas beschwerlich, mit jemandem zu diskutieren, der sich des täglichen Raucher-Wahnsinns vollkommen bewusst ist.

N.N.: Aber gibt es denn wirklich nur die extreme „Wir-verbieten-das-Rauchen-völlig"-Haltung? Kann man denn nicht sinnvolle Kompromisse finden, mit denen Raucher und Nichtraucher leben könnten?

Stuyveboro: Wie sollte ein solcher Kompromiss Ihres Erachtens denn aussehen?

N.N.: In vielen Restaurants gibt es doch schon Nichtraucherzonen!

Stuyveboro: Ja, stimmt.

N.N.: Und wenn ich mich richtig erinnere, dann hatte auch der Hotel- und Gaststättenverband mit der Regierung vereinbart, in den Restaurants stets einige der Sitzplätze ausschließlich für Nichtraucher zu reservieren.

Stuyveboro: Ja, richtig. Aber diese Regelung war natürlich nichts Halbes und nichts Ganzes. In einem *bestimmten Prozentsatz* der Restaurants sollte bis zum Jahr zweitausend-und-noch-was ein *bestimmter Prozentsatz* der Plätze für Nichtraucher reserviert werden. Lächerlich!

N.N.: Aber das wäre doch schon mal etwas!

Stuyveboro: Stellen Sie sich das doch mal in der Praxis vor: Ein Restaurant mit 100 Plätzen reserviert 30 Plätze nur für Nichtraucher.

N.N.: Dann sind doch alle glücklich!

Stuyveboro: Sie erlauben, dass ich lache?

N.N.: Wenn Sie meinen, dass das zum Lachen ist. Für mich ist es ein echter Kompromiss und auch ein Weg abseits der strikten Verbote und Regelungen.

Stuyveboro: Es ehrt Sie ja, dass Sie so kompromissbereit sind, aber die Trennung von Rauchern und Nichtrauchern durch entsprechende „Zonen" macht innerhalb eines Raumes natürlich überhaupt keinen Sinn.

N.N.: Ich behaupte ja auch nicht, dass es die beste Lösung ist, sondern nur, dass es sich um einer vernünftigen Kompromiss handelt. Nichtraucher können dann zumindest in Restaurants halbwegs ungestört essen und trinken.

Stuyveboro: Ein vernünftiger Kompromiss sieht gewiss ganz anders aus. Die Trennung von Rauchern und Nichtrauchern in einem einzigen Raum ist schlicht sinnlos und führt überhaupt nicht dazu, dass Nichtraucher halbwegs ungestört sind.

N.N.: Sie sehen das zu eng!

Stuyveboro: Nein, im Gegenteil: Sie sehen das zu locker und das kommt wahrscheinlich daher, dass Sie sich bereits bewusst oder unbewusst die Denkweise der Tabakindustrie oder der Hotel- und Gaststättenverbände zu eigen gemacht haben.

N.N.: Ich habe durchaus meine eigene Meinung, Herr Stuyveboro!

Stuyveboro: Da Sie ja bereits mehrfach Gefallen an meinen abstrusen Vergleichen gefunden haben, will ich Ihnen ein weiteres Beispiel geben, das Ihnen verdeutlicht, wie unsinnig die Unterscheidung zwischen Raucher- und Nichtrauchertischen in *einem einzigen* Raum ist.

N.N.: Ich bin gespannt…

Stuyveboro: Stellen Sie sich einen großen Whirlpool vor, in dem ungefähr 30 Menschen sitzen. Ungefähr ein Drittel der Badenden empfindet großes Vergnügen daran, hin und wieder in den Whirlpool zu pinkeln.

N.N.: Widerlich!

Stuyveboro: Und wenn sich nun einer derjenigen, die sich im Wasser ganz normal und gesittet verhalten, beim Bademeister über diejenigen beschwert, die ins Wasser strullen, dann wäre die Antwort des Bademeisters, man habe eigens links einen Nicht-Pinkler-Bereich eingerichtet, doch wohl mehr als lächerlich, oder?

N.N.: Allerdings!

Stuyveboro: Raucher- und Nichtraucher-Zonen innerhalb *eines* Raumes sind daher so sinnvoll wie Pinkler- und Nichtpinkler-Zonen innerhalb *eines* Whirlpools.

N.N.: O.K., diesmal finde ich den Vergleich sogar recht passend, wenn auch ein wenig unappetitlich.

Stuyveboro: Was mich immer wieder wundert, ist, dass es die Tabakindustrie geschafft hat, einem großen Teil der Öffentlichkeit weiszumachen, man könne durch das Aufstellen kleiner Nichtraucher-Schilder auf Kneipentischen verhindern, dass sich der tödliche Qualm im gesamten Innenraum verbreitet.

N.N.: Wenn ich jetzt auch mal einen Vergleich starten darf: „Bitte nicht rauchen!"-Schilder inmitten einer Raucherkneipe würden dann denselben Zweck erfüllen wie „Hier keine Radioaktivität"-Schilder in der Nähe eines defekten Kernkraftwerks.

Stuyveboro: Sie lernen dazu. Das Tückische am Zigarettenrauch ist eben, dass er sich durch das Medium Luft verbreitet und dass er sich an die Naturgesetze und nicht an die Vorschriften und Wünsche der Kneipiers hält.

N.N.: Die Nichtraucher-Zonen fallen dann wohl als Kompromiss weg, nehme ich an.

Stuyveboro: Ja. Dass es immer noch Leute gibt, die sich für fortschrittlich halten, wenn Sie in einem verrauchten Restaurant einige Tische für Nichtraucher reservieren, ist wohl Teil des kollektiven Raucherschwachsinns.

N.N.: Jetzt werden Sie wieder unnötig polemisch!

Stuyveboro: Im Übrigen können Sie an dem Whirlpool-Pinkler-Beispiel auch noch einmal sehen, wie unsinnig das „Freiwilligkeits-Argument" der Raucher ist.

N.N.: Wie meinen Sie das?

Stuyveboro: Wir sprachen doch schon über das Argument der Raucher, die sagen, dass jeder wisse, dass in einem Restaurant geraucht werde und dass man sich dort freiwillig aufhalte und man sich also nicht über den Rauch beschweren dürfe, wenn man sich entschieden habe, irgendwo einzukehren.

N.N.: Ja, ich erinnere mich.

Stuyveboro: So könnten doch die Whirlpool-Pinkler auch argumentieren: Alle wissen, dass wir hier reinpinkeln und wer sich dann trotzdem ins Wasser begibt, der soll sich bitte schön nicht beschweren!

N.N.: Ha, ha!

Stuyveboro: Da müssen selbst Sie lachen, gell? Natürlich sollte man sich von den Pinklern nicht das Badevergnügen verderben lassen. Und natürlich muss man sich nicht damit abfinden, wenn die dreisten und asozialen Pinkler auch noch verkünden, dass ja jeder wisse, dass hier ins Wasser uriniert werde und dass man sich daher auch nicht beschweren dürfe, weil niemand zum Baden im Pool gezwungen werde. Anstatt sich auch nur eine Sekunde mit den irrwitzigen Pseudo-Argumenten der Whirlpool-Pinkler abzugeben, muss man sie entweder hochkant aus dem Becken werfen oder das Whirlpool-Pinkeln schlicht verbieten.

N.N.: Jetzt sind Sie wieder in Ihrem Element, was?

Stuyveboro: Ich kann es halt einfach nicht fassen, dass von den Rauchern in der Öffentlichkeit immer und immer wieder diese vollkommen aberwitzigen Argumente vorgebracht werden und dass man dann auch noch anfängt, diesen Quatsch ernsthaft zu diskutieren. Whirlpool-Pinkler gehören ebenso wenig ins Badewasser wie Raucher in die Restaurantluft.

N.N.: Das habe ich ja nun verstanden, Herr Stuyveboro!

Stuyveboro: Es ist auch sehr interessant, dass wir immer von „Nichtrauchern" sprechen. Ich meine jetzt den Begriff „Nichtraucher", nicht die Menschen selbst.

N.N.: Wieso? Das ist doch eine treffende Bezeichnung.

Stuyveboro: Meines Erachtens suggeriert sie, dass Rauchen der Normalzustand ist und dass man diejenigen, die von dieser Norm abweichen, als Nicht-Normale, sprich: als Nichtraucher bezeichnet.

N.N.: Darüber habe ich noch gar nicht nachgedacht.

Stuyveboro: Stellen Sie sich mal vor, man würde Sie in einer Badeanstalt als Nicht-ins-Wasser-Pinkler bezeichnen!

N.N.: Da käme ich mir schon ein wenig merkwürdig vor…

Stuyveboro: Ebenso gut könnte man einen liebevollen Familienvater als Nicht-Frauen-Verprügler bezeichnen oder einen netten Gast als Nicht-Zechpreller betiteln.

N.N.: Ja, ja, jetzt habe auch ich es verstanden!

Stuyveboro: Ich wollte Ihnen auch nur demonstrieren, wie geschickt sich der Raucherwahnsinn inzwischen auch sprachlich tarnt. Es müsste ein Wort für diejenigen geben, die sich in der Öffentlichkeit sozial und rücksichtsvoll verhalten. Und dann müsste man vor *dieses* Wort ein „Nicht-" setzen, um eine angemessene Bezeichnung für die Raucher zu erhalten.

N.N.: Und wie ich Sie einschätze, haben Sie auch sicher einen Vorschlag für diese neue Bezeichnung, oder?

Stuyveboro: Man könnte ja ein Kunstwort aus „sozial" und „Luft" bilden, weil sich die normalen Menschen ja sozial verhalten, wenn es um die gemeinsame Nutzung der Luft innerhalb von Räumen geht.

N.N.: Na ja, Ausnahmen bestätigen die Regel.

Stuyveboro: Ich meine ja bloß, dass es ein Kennzeichen von Rauchern ist, dass sie sich absolut asozial verhalten, wenn es um die Luft in Innenräumen, also zum Beispiel im Restaurant, geht: Sie glauben, die Luft gehöre Ihnen und sie könnten sie nach Lust bzw. Sucht und Laune verpesten.

N.N.: Wie wäre es denn mit „Luftnette" für diejenigen, die sich sozial und rauchfrei geben und „Nicht-Luftnette" für die Raucher?

Stuyveboro: Ha, ha, Sie entwickeln ja ein gehöriges Maß an sprachlicher Fantasie, mein Lieber! Nicht-Luftnette! Das können wir erstmal nehmen.

N.N.: Ich fühle mich geehrt!

Stuyveboro: Wenn man nun jemanden als nicht-luftnett bezeichnet, weil er die Räume, in denen er sich aufhält, vergiftet und andere zwingt, die von ihm freigesetzten Gifte ebenfalls einzuatmen, dann wird auch deutlich, wie paradox die Rede davon ist, dass ausgerechnet Raucher immer als gesellig bezeichnet werden.

N.N.: Das würde ich aber auch so sehen! Raucher sind gesellig!

Stuyveboro: Nicht-Luftnette sind in der Tat gesellig. So gesellig wie die Whirlpool-Pinkler, die sich in handwarmen Eigen- und Fremdurin suhlen. Kein normal denkender Mensch begibt sich in einen vollgepissten Pool. Doch die, die drinsitzen und das auch noch toll finden, die wirken natürlich auf eine ganz besondere Art gesellig.

N.N.: *(räuspert sich)*

Stuyveboro: In Wahrheit vertreiben doch die Raucher sehr viele Menschen aus den Kneipen bzw. sie sorgen dafür, dass eine ganze Reihe von Nichtrauchern, Verzeihung: Luftnetten, gar keine Restaurants und Kneipen mehr betritt, weil sie sich nicht vollqualmen und belästigen lassen möchten. Wie man dann die Raucher auch noch als besonders gesellig bezeichnen kann, ist mir ein Rätsel.

N.N.: Also ob Raucher wirklich jemanden vertreiben, bezweifle ich. Die Kneipen sind doch voll!

Stuyveboro: Ich kann es nur wiederholen: In den Kneipen halten sich neben den Rauchern natürlich auch Nichtraucher auf. Aber die gehören entweder zu denjenigen, die noch kein Bewusstsein für die Gefahren des Passivrauchens entwickelt haben, oder sie gehören zu denjenigen, die notgedrungen in die Raucherhöllen mitgehen, weil z.B. paffende Freunde dort sind. Oder sie gehören zu denjenigen, die vielleicht kein anderes Lokal finden konnten, schnell etwas essen möchten und sich darüber ärgern, dass sie bereits nach wenigen Sekunden vom Qualm durchdrungen sind. All das spricht nicht für die Geselligkeit der Raucher, zumindest dann nicht, wenn man unter „Geselligkeit" auch Rücksichtnahme und soziales Verhalten versteht.

N.N.: Ich weiß wohl, dass Passivrauchen sehr gefährlich ist, aber mal einen Abend mit rauchenden Freunden in einer Kneipe zu verbringen, ist doch nun wirklich nicht so schlimm.

Stuyveboro: Das kommt darauf an, welche Maßstäbe Sie ansetzen: Wenn Sie ein paar Stunden in einer vollgequalmten Kneipe verbringen, dann atmen Sie als Nichtraucher bzw. Luftnetter soviel Schadstoffe ein, als wenn Sie 4-9 Zigaretten selbst geraucht hätten.

N.N.: Tatsächlich?

Stuyveboro: Ja, tatsächlich. Und neben den gesundheitlichen Schäden, die sich erst Jahre oder gar Jahrzehnte später zeigen werden, haben Sie natürlich auch unmittelbare Konsequenzen zu tragen: Die Augen brennen, die Haare stinken, die Kleidung stinkt.

N.N.: In der Tat!

Stuyveboro: Raucher erkennt man ja in der Regel an ihrem penetranten Geruch.

N.N.: So hart würde ich das nicht formulieren...

Stuyveboro: Die Raucher selbst sind ja für ihren eigenen Geruch vollkommen unempfindlich. Sie nehmen vielleicht sogar an, dass sie besonders gut oder zumindest neutral riechen. Doch gerade als Nichtraucher oder noch besser: als jemand, der gerade mit dem Rauchen aufgehört hat, haben sie natürlich ein ganz feines Näschen für den penetranten Gestank. Man merkt es Menschen, die nur flüchtig an einem vorbeigehen, mitunter sofort an, ob sie zu den Rauchern oder zu den Nichtrauchern gehören: Sie ziehen ihre Zigaretten-Flatulenzen in einem Geruchsschlepptau hinter sich her!

N.N.: Ich muss Sie mal wieder etwas bremsen, bevor Sie sich in Rage reden, Herr Stuyveboro!

Stuyveboro: Machen Sie sich um mich mal keine Sorgen, mein Lieber!

N.N.: Ich will Sie nur in Ihrer Militanz ein wenig zügeln!

Stuyveboro: Dass ausgerechnet Nichtraucher „militant" genannt werden, aber kaum jemand von militanten Rauchern spricht, ist ein weiterer sprachlicher Hinweis darauf, wie sehr wir uns in der öffentlichen Diskussion das Hirn haben vernebeln lassen. Wenn ein Nichtraucher sich energisch gegen das Rauchen wendet, dann ist er nicht militant, sondern nur konsequent vernünftig.

N.N.: Ich weiß nicht...

Stuyveboro: Militanz ist eine Frage der Perspektive. Erinnern Sie sich an meinen Vergleich der Zigaretten mit den Kotinin-Schnitzeln?

N.N.: Natürlich!

Stuyveboro: In einer Gesellschaft, in der alle sorglos in die vergifteten Schnitzel beißen, würde ein sich heftig gegen dieses Fleisch Engagierender sicher als militant und absonderlich gelten.

N.N.: Wahrscheinlich.

Stuyveboro: Aus unserer Perspektive ist jedoch jemand, der sich vehement und konsequent gegen den Verkauf und Verzehr von giftigen Schnitzeln einsetzt, äußerst vernünftig.

N.N.: Stimmt.

Stuyveboro: Und in unserer Gesellschaft haben wir momentan wohl so einen dubiosen Zwischenzustand erreicht: Es gibt immer mehr Menschen, denen die Gefahren des Rauchens und Passivrauchens bewusst werden und die sich konsequent für ein Rauchverbot einsetzen, und es gibt immer noch Menschen, die die Augen vor den Gefahren verschließen und den Aktivisten wider das Rauchen milde-süffisant lächelnd begegnen.

N.N: Auch da haben Sie wohl Recht.

Stuyveboro: Politiker zeichnen sich zum Beispiel dadurch aus, dass Sie die eindeutigen Gefahren mit einem Lächeln ausblenden, Rauchen für etwas Normales halten und bestimmte Gesetzesinitiativen gar nicht erst in Angriff nehmen, weil sie ihnen zu militant erscheinen. Da hört man dann den Ruf nach freiwilligen Regelungen und es werden Appelle an die Vernunft jedes einzelnen gerichtet. Hier prallen zwei Paradigmen aufeinander.

N.N.: Paradigmen?

Stuyveboro: Mit Paradigma meine ich eine bestimmte Art und Weise die Welt zu sehen und zu ordnen. Es gibt ein gesellschaftlich und kulturell gewachsenes „Raucher-Paradigma", das immer noch in den Köpfen vieler Menschen wirksam ist: Die Zigarette gehört in diesem Paradigma einfach zum Leben dazu, sie ist Ausdruck von Coolness, von Reife, sie wirkt gegen Stress und sie ist sozial akzeptiert, d.h. man darf sich als Raucher überall die Freiheit nehmen, sich eine Zigarette anzuzünden. Früher wurde ja sogar noch in den Universitätsseminaren geraucht, das müssen Sie sich einmal vorstellen!

N.N.: Und dann gibt es noch ein „Nichtraucher-Paradigma", nehme ich an?

Stuyveboro: Genau. Diese Art, die Welt zu ordnen und zu strukturieren, sieht das Rauchen nicht mehr als den Normalfall an, sondern als das, was es tatsächlich ist: Eine ernste Bedrohung für die Gesundheit aller. Wer die Welt durch die Brille des „Nichtraucher-Paradigmas" wahrnimmt, der kann die Handlungen derer, die noch nach dem alten Schema denken, kaum noch nachvollziehen. Warum soll man es sich gefallen lassen, sich von anderen während des Essens vollqualmen zu lassen? Warum soll ein anderer das Recht haben, durch sein suchthaftes

Verhalten auch meine Gesundheit zu schädigen? Warum wird das Rauchen angesichts der bekannten Gefahren nicht sofort und konsequent verboten? Das sind Fragen, die sich einem Menschen stellen, der im „Nichtraucher-Paradigma" denkt.

N.N.: Und nun gibt es auch eine Zwischenwelt?

Stuyveboro: Selbst für rational denkende Politiker ist es natürlich nicht einfach, angesichts von zwei einander widersprechenden Sichtweisen Entscheidungen zu fällen. Sie wissen auf der einen Seite, dass das Rauchen gefährlich ist, wollen aber auf der anderen Seite auch die Raucher als Wähler nicht verprellen.

N.N.: Verständlicherweise.

Stuyveboro: Und wenn man dann einen Gesundheitsaktivisten als militanten Spinner hinstellen möchte, dann braucht sich nur der Denkweise des Raucher-Paradigmas zu bedienen, denn wer immer noch glaubt, Zigaretten seien ein normaler Teil des gesellschaftlichen Alltags, der wird nicht verstehen können, warum es Menschen gibt, die sich für ein Rauchverbot einsetzen. Es ist also sehr einfach, Rauchen als selbstverständlich und die Forderung nach Nichtraucherschutz als überzogen und vielleicht sogar militant hinzustellen.

N.N.: Das stimmt.

Stuyveboro: Ich habe allerdings bei den Politikern noch einen ganz anderen Verdacht.

N.N.: Nämlich welchen?

Stuyveboro: Ich glaube, nein, ich bin mir sicher, dass es in Deutschland mit dem Nichtraucherschutz so schleppend voran geht, weil die Entscheidungsträger selbst Raucher sind.

N.N.: Franz Müntefering, Peer Steinbrück, Peter Struck – die fallen mir sofort ein.

Stuyveboro: Und beim Thema *Rauchen* würden die Politiker die Konsequenzen ihrer eigenen Entscheidungen sofort zu spüren bekommen. Es ist ja schon seltsam, dass man im Bundestag und in den Ministerien rauchen darf, oder?

N.N.: Ist das so?

Stuyveboro: Ja, das ist so. Und selbst wenn sie Bilder aus dem Kabinettssaal sehen, können Sie Aschenbecher auf den Tischen erkennen und vielleicht sogar einen rauchenden Minister sehen.

N.N.: Das ist natürlich ein echtes Armutszeugnis für die Regierung.

Stuyveboro: Wir hatten ja schon einmal darüber gesprochen, dass man bei Rauchern nicht an die Vernunft appellieren kann, weil sie als Süchtige eben nicht rational handeln. Das gilt natürlich auch für Politiker: Ein nikotinabhängiger Minister wird natürlich bestrebt sein, ein Gesetz gegen das Rauchen zu verhindern. Er wird bloß möglichst geschickt versuchen, sein irrationales, weil suchtgesteuertes Verhalten im Nachhinein durch Pseudo-Argumente zu rechtfertigen.

N.N.: Nun, man hört ja auch immer wieder von fehlenden Zuständigkeiten, von juristischen Bedenken usw.

Stuyveboro: Das meine ich mit Pseudo-Argumenten. Natürlich könnte die Regierung sofort ein umfassendes Rauchverbot per Gesetz anordnen, weil sie zum Beispiel für den Arbeitsschutz zuständig ist. Hier könnte das Kabinett dafür sorgen, dass jeder Arbeitnehmer, die Angestellten in der Gastronomie eingeschlossen, ein Recht auf einen rauchfreien Arbeitsplatz bekommt. Damit wären sofort alle Probleme gelöst und der öffentliche Raum sowie alle Restaurants und Gaststätten wieder benutzbar.

N.N.: Aber das ist dann wohl nicht gewollt…

Stuyveboro: Offensichtlich haben sich eben die rauchenden Politiker und die Politiker, die stark von der Tabaklobby abhängen, gegen die vernünftig Argumentierenden durchgesetzt. Statt einer einheitlichen Regelung wird ja momentan über einzelne Gesetzentwürfe diskutiert, die nur in bestimmten Bundesländern gelten.

N.N.: Ich wette, wenn es darum ginge, ein Gesetz gegen Kotinin-Schnitzel zu erlassen, gäbe es keine solchen juristischen Bedenken!

Stuyveboro: Ha, ha, nein, sicher nicht. Wenn plötzlich diese giftigen Schnitzel auftauchen würden, dann würden wahrscheinlich alle Politiker vor die Mikrofone und Kameras springen, um zu verkünden, wie sie als erste die neue tödliche Gefahr aus den Restaurants verbannen wollen.

N.N.: Gibt es eigentlich eine Statistik darüber, wie viel Prozent der Bundestagsabgeordneten rauchen?

Stuyveboro: Ich kenne keine solche Statistik. Ich bin aber sicher, dass die meisten Politiker so klug sind, gar nicht öffentlich zu rauchen und sich dadurch angreifbar zu machen. Es ist in jedem Fall sehr offensichtlich, dass die Politiker, die selbst rauchen, ihre Entscheidungen beim Nichtraucherschutz in erster Linie suchtgesteuert und nicht rational fällen. Und das ist nun wirklich kein Zeichen von Größe.

N.N.: Man macht dann wohl wirklich den Bock zum Gärtner.

Stuyveboro: Ja, wenn Raucher Gesetze zum Schutz der Nichtraucher erlassen dürfen, dann muss man sich nicht darüber wundern, dass das ganze scheitert.

N.N.: Man fragt sich aber schon, warum das in anderen Ländern ganz ohne Probleme funktioniert. Auch in Irland wird es rauchende Politiker geben, dennoch sind selbst die Pubs schon lange rauchfrei.

Stuyveboro: Jedes Land bekommt eben die Politiker und damit auch die gesetzlichen Regelungen, die es verdient.

N.N.: Ich muss mal die Batterien wechseln, können wir eine kleine Pause machen, bitte?

Stuyveboro: Kein Problem.

Rauchende Schamanen und inkontinente Genießer

N.N.: Dies ist ein Test! Dies ist ein Test! Alles klar, läuft wieder! *(hustet)* Wie hoch sind diese Felsen hier eigentlich? Das müssen doch mindestens 30 Meter sein!

Stuyveboro: Ja, stimmt. Der höchste Stein ist knapp 40 Meter hoch, glaube ich.

N.N.: Sind Sie denn häufiger hier?

Stuyveboro: Ja, denn die Externsteine haben eine besondere Bedeutung für mich.

N.N.: Jetzt machen Sie mich neugierig!

Stuyveboro: Ich habe meine Frau hier kennengelernt. Zufällig. Genau hier. Auf dieser Aussichtsplattform habe ich Kamelia zum ersten Mal gesehen.

N.N.: Oh, ich verstehe. Das wusste ich natürlich nicht. Ich hätte sonst nicht nachgefragt. Entschuldigen Sie bitte…

Stuyveboro: Lassen Sie nur. Es ist mir nicht unangenehm, wenn Sie mich an meine Frau erinnern.

N.N.: Dann waren Sie wohl sehr häufig mit Ihrer Frau hier oben auf den Externsteinen, oder? Ich meine, wenn Sie sich hier kennengelernt haben…

Stuyveboro: Nein, wir waren wirklich nur ein einziges Mal gemeinsam hier oben. Auf den Tag genau vor 30 Jahren.

N.N.: Oh, ein Jubiläum! Aber warum waren Sie denn nur dieses eine Mal hier?

Stuyveboro: Kamelia saß im Rollstuhl. Sie hatte einen schweren Verkehrsunfall, einige Monate, nachdem wir uns damals getroffen hatten.

N.N.: Oh, das wusste ich nicht. Das ist ja schrecklich. Das war sicherlich ein schwerer Schlag für Sie damals.

Stuyveboro: Ja und nein. Natürlich war ich schockiert, betroffen und auch wütend darüber, dass das Schicksal ausgerechnet meine damalige Verlobte so hart treffen musste. Andererseits hat uns ihre Krankheit aber auch sehr eng aneinander gebunden.

N.N.: Das verstehe ich. Wenn eine Beziehung eine solche Prüfung übersteht, ist sie zumeist noch inniger.

Stuyveboro: Kamelia und ich waren seit ihrem Unfall nahezu unzertrennlich. Sie war fast immer in meiner Nähe. Glücklicherweise konnte ich durch meine Tätigkeit als Publizist auch die meiste Zeit zu Hause arbeiten.

N.N.: Für manche Paare ist das ja ein echter Albtraum, wenn man keine Auszeiten nehmen kann.

Stuyveboro: Für uns war es ein Geschenk. Wir haben fast jede freie Minute zusammen verbracht. Kamelia hatte sich auch in meinem Arbeitszimmer einen eigenen Schreibtisch eingerichtet.

N.N.: Hat sie auch geschrieben?

Stuyveboro: Ja. Sie veröffentlichte unter einem Pseudonym ziemlich erfolgreiche Kinderbücher.

N.N.: Auch das wusste ich nicht. Mir scheint, Sie haben tatsächlich einen wunderbaren Weg gefunden, mit der Krankheit Ihrer Frau umzugehen und ein Leben zu führen, um das Sie sicher viele beneidet haben.

Stuyveboro: Ja, das ist sicher wahr. Dass Kamelia an den Rollstuhl gefesselt war, haben wir kaum noch wahrgenommen.

N.N.: Dass wir uns hier am dreißigsten Jahrestag der ersten Begegnung mit Ihrer Frau treffen, ist doch kein Zufall, oder?

Stuyveboro: Wenn Sie erlauben, möchte ich jetzt wieder auf das eigentliche Thema unserer Gespräche zurückkommen. Das Private können wir vielleicht nachher noch einmal vertiefen.

N.N.: *(räuspert sich)*

Stuyveboro: Wie sind Sie eigentlich hier hingekommen?

N.N.: Mit der Bahn. Und dann vom Bahnhof mit dem Taxi bis zum Beginn des kleinen Waldwegs dort hinten. Den Rest bin ich gelaufen.

Stuyveboro: Und? Ist es Ihnen gelungen, rauchfrei anzureisen? Oder wurden Sie im Zug und im Taxi vollgequalmt?

N.N.: Ich habe darauf gar nicht so geachtet. Ich wusste ja nicht, dass wir uns hier über das Thema *Rauchen* unterhalten werden.

Stuyveboro: Sie gehören eben eigentlich noch zu den Leuten, die die Gefährlichkeit des Rauchens noch nicht bewusst wahrnehmen. Ich hoffe, dass Sie nach unserem Gespräch ein wenig mehr Sensibilität entwickelt haben.

N.N.: Ganz bestimmt!

Stuyveboro: Wie würden Sie denn die Situation in den öffentlichen Verkehrsmitteln einschätzen, wenn Sie ans Rauchen denken?

N.N.: Oh, da sieht es doch gar nicht so schlecht aus. In Bussen und in Flugzeugen darf man gar nicht mehr rauchen. Regionalzüge sind in vielen Bundesländern ganz rauchfrei und selbst in den Fernzügen, gibt es immer weniger Raucherabteile. Vor kurzem hat doch die Bahn sogar im Bord-Bistro das Rauchen verboten.

Stuyveboro: Ja, Sie haben recht. Auf den ersten Blick ist die Situation erträglich.

N.N.: Ach, und rauchfreie Bahnhöfe gibt es doch inzwischen auch in vielen Städten. Aber Sie haben sicher auch hier wieder etwas auszusetzen, oder etwa nicht?

Stuyveboro: „Etwas auszusetzen" klingt, als ob man unbegründet nörgelt oder bestimmte Bemühungen absichtlich nicht anerkennt. Ich habe einige Kritikpunkte vorzubringen. So könnte man das vielleicht treffender sagen.

N.N.: Was kritisieren Sie denn?

Stuyveboro: Beginnen wir mit den sogenannten „rauchfreien" Bahnhöfen. Das ist sicherlich ein gutes Konzept, aber es hapert mal wieder an der konsequenten Umsetzung.

N.N.: Sie meinen, weil es immer noch Zonen gibt, in denen sich die Raucher versammeln dürfen?

Stuyveboro: Das ist das kleinere Übel. Viel schlimmer ist, dass es insbesondere in großen Bahnhöfen immer noch sehr viele gastronomische Betriebe gibt, in denen das Rauchen uneingeschränkt erlaubt ist.

N.N.: Tja, da konnte die Bahn wohl in die Verträge, die sie mit den Pächtern bereits gemacht hatte, nicht mehr eingreifen.

Stuyveboro: Wenn Sie zum Beispiel den Hauptbahnhof von Hannover betreten, dann sehen Sie unter einem sehr großen Schild, das darauf hinweist, dass der Bahnhof rauchfrei sein soll, zahlreiche Tische eines Cafés, an denen die Raucher sitzen und munter qualmen.

N.N.: Nun gut, das ist vielleicht etwas unglücklich...

Stuyveboro: Ich finde es eher bezeichnend für die Inkonsequenz, mit der der Nichtraucherschutz durchgesetzt wird. Was spricht denn dagegen, einen Bahnhof, der als „rauchfrei" bezeichnet wird, auch wirklich rauchfrei zu halten?

N.N.: Es ist eben bei der momentanen Gesetzeslage nicht so einfach möglich, in einem Café die Zigaretten total zu verbieten.

Stuyveboro: Ein trauriges, ein sehr trauriges Faktum.

N.N.: Gut, die Situation auf den Bahnhöfen könnte aus Ihrer Sicht noch besser werden. Welche weiteren Kritikpunkte haben Sie?

Stuyveboro: Ich bin erst vor wenigen Tagen in einem IC der älteren Bauart gefahren. Dort gibt es noch Waggons, in denen Raucher und Nichtraucher gemeinsam sitzen.

N.N.: Ja, die kenne ich auch. Mitten im Wagen ist dann so eine Plexiglasscheibe, oder?

Stuyveboro: Ja, aber die ist nicht einmal durchgehend. Es gibt genau genommen nur einen kleinen Plexiglas- oder Kunststoffrahmen, der optisch andeutet, dass jetzt ein anderer Bereich beginnt.

N.N.: Ha, ha, ich kann mir denken, was Sie davon halten!

Stuyveboro: Ich bin sicher, dass es diese Wagen nicht mehr lange geben wird und dass man in ein paar Jahren den Kopf schüttelt, wenn man sich daran erinnert, dass man tatsächlich durch offene Kunststoffrahmen versucht hat, Nichtraucher zu schützen.

N.N.: Momentan wird ja über ein komplettes Rauchverbot in Zügen diskutiert.

Stuyveboro: Es geht mir auch gar nicht so sehr um Aktuelles, sondern darum, die Denkweisen aufzudecken, die zu solch absurden Konstruktionen wie diesen Raucher- und Nichtraucherwagen führen konnten.

N.N.: Und? Was ist ihre Vermutung?

Stuyveboro: Man kann es sich natürlich einfach machen und sagen, dass man vor Jahrzehnten, als die Bahn diese Züge konstruierte, noch nicht wusste, wie wichtig Nichtraucherschutz ist.

N.N.: Aber dann hätte man es doch auch ganz lassen können und das Rauchen überall erlauben können.

Stuyveboro: Richtig. Offensichtlich war es wohl so, dass man erkannt hat, dass Zigarettenqualm nicht für alle Fahrgäste etwas Angenehmes ist. Also hat man sich für Raucher- und Nichtraucherbereiche entschieden.

N.N.: So weit waren wir schon einmal.

Stuyveboro: Ja. Wenn man sich jetzt die von der Bahn gewählte Lösung ansieht, wo Raucher und Nichtraucher in einem einzigen Wagen sitzen, dann muss man wohl zu dem Schluss kommen, dass die dafür Verantwortlichen entweder komplette Idioten waren oder glaubten, in Zügen würden andere Naturgesetze gelten.

N.N.: Ja, darüber haben wir ja schon einmal gesprochen. Bei den Whirlpool-Pinklern und den Nichtpinklerzonen.

Stuyveboro: Stimmt. Nur hier ist es eben noch viel offensichtlicher: Einen Ingenieur, der glaubt, er könne mit einem in der Mitte eines Wagens angebrachten Kunststoffrahmen verhindern, dass sich der Qualm im ganzen Abteil verteilt, den müsste man doch eigentlich unter besondere Beobachtung stellen!

N.N.: Ha, ha!

Stuyveboro: Vielleicht gelten aber nach internen Bestimmungen der Bahn in den Zügen andere Naturgesetze. Man könnte sich sogar in das Zeitalter der Magie und des Schamanismus zurückversetzt wähnen.

N.N.: Wie bitte?

Stuyveboro: Stellen Sie sich vor, Sie würden einem Mann begegnen, der Ihnen weiß machen will, er könne durch magische Zeichen und seltsame Aufbauten die Naturgesetze außer Kraft setzen. Wie würden Sie den bezeichnen?

N.N.: Als Spinner!

Stuyveboro: Oder eben als Magier, als jemanden, der vielleicht gedanklich in einem magischen Universum zu Hause ist. Er kritzelt irgendwo ein Zeichen an die Wand, bastelt ein magisches Werkzeug und hofft auf diese Weise, die Natur zu überlisten.

N.N.: Sie meinen, die Nichtraucher-Schildchen und die merkwürdigen Kunststoff-Abtrennungen in den Zügen könne man als Zeichen eines magischen Weltbildes deuten?

Stuyveboro: Mir ist schon klar, dass das etwas überdreht ist. Aber wenn man die beiden Fälle vergleicht, hier der Schamane, dort der Konstrukteur von Bahnwaggons, dann kommt man doch wohl zu dem Schluss: Wenn es beide ernst meinen, dann können sie nicht an die Gültigkeit der uns bekannten Naturgesetze glauben.

N.N.: Wenn man es so beschreibt, kann man die Parallelen tatsächlich grob erkennen.

Stuyveboro: Konsequenterweise hätte man den Nichtraucherschutz in der Bahn nicht so versteckt, sondern ganz offensiv magisch angehen sollen.

N.N.: Ach ja?

Stuyveboro: Nun, wer glaubt, er könne durch Nichtraucher-Schildchen und blödsinnige Plastikwände verhindern, dass sich der Zigarettenqualm auch in die sogenannte Nichtraucherzone ausbreitet, der kann es doch auch mal mit magischen Zeichen und Beschwörungsformeln versuchen.

N.N.: Ha, ha!

Stuyveboro: Statt „Nächster Halt: Emden" oder „Ausstieg in Fahrtrichtung rechts!" könnte der Zugbegleiter doch auch „Haltet ein, ihr Geister des Rauches und bewegt euch nach meinem Willen!" ansagen und dann hoffen, dass das Erfolg hat.

N.N.: Eine bloß angedeutete Plastikwand und eine magische Beschwörungsformel per Lautsprecheransage werden jedenfalls denselben Effekt haben.

Stuyveboro: Eben! Und genau das wollte ich verdeutlichen. Hinter so seltsamen Maßnahmen wie der Einrichtung von Raucher- und Nichtraucherzonen im selben Raum oder dem Versuch der Trennung von Rauchern und Nichtrauchern durch eine bloß angedeutete Plastikwand im Zug steckt letztlich eine Art magisches Weltbild, weil man glaubt, man könne die Naturgesetze überlisten.

N.N.: Aber inzwischen hat sich ja einiges geändert.

Stuyveboro: Aber der Glaube an die Magie hat sich anscheinend bei den Mitarbeitern der Bahn in den Jahrzehnten des Raucher-Wahnsinns so tief ins Hirn gebrannt, dass sie ihn nicht einfach ablegen können.

N.N.: Wieso?

Stuyveboro: Ich fahre seit dem Tod meiner Frau sehr häufig mit der Bahn und setze mich – natürlich – in die Wagen, in denen das Rauchen komplett verboten ist.

N.N.: Nichts anderes habe ich von Ihnen erwartet.

Stuyveboro: Und manchmal, nein – sehr häufig, riecht es dann plötzlich auch im Nichtraucherabteil wieder merkwürdig nach Rauch.

N.N.: Ich kann mir aber nicht vorstellen, dass sich ein Fahrgast ungestraft in einem ICE-Nichtraucherwagen eine Zigarette anstecken kann.

Stuyveboro: Ich rede ja auch nicht von den Fahrgästen.

N.N.: Wollen Sie sagen, dass die Schaffner im Nichtraucherwagen qualmen?

Stuyveboro: Ja, genau!

N.N.: Das ist ja unglaublich, sogar für einen moderaten Menschen wie mich.

Stuyveboro: Dummerweise befindet sich in vielen Fernzügen das Dienstabteil der Schaffner mitten in einem Nichtraucherwagen. Und wenn die Damen und Herren Zugbegleiter dann eine kleine Pause haben, ziehen sie sich in das Abteil zurück und stecken sich munter ihre Zigaretten an.

N.N.: Unfassbar!

Stuyveboro: Und wenn man sie dann höflich fragt, wie es denn sein könne, dass ausgerechnet die Schaffner in einem eigentlich als rauchfrei deklarierten Wagen rauchen dürfen, dann bekommt man lustige Antworten.

N.N.: Zum Beispiel?

Stuyveboro: Mir wird dann meistens gesagt, es sei eben so geregelt, dass das Dienstabteil niemals rauchfrei sei. Irgendwo müssten sie ja wohl rauchen können, sagen die Schaffner ganz gerne.

N.N.: Aha.

Stuyveboro: Und wenn man dann darauf hinweist, dass es doch mehr als seltsam sei, wenn ausgerechnet der Zugbegleiter den nebenan sitzenden Fahrgästen die Luft verqualmt, dann erntet man nur ein müdes Lächeln. Oder es wird auf die Klimaanlage verwiesen.

N.N.: Was soll die bringen?

Stuyveboro: De facto sorgt die Klimaanlage natürlich dafür, dass der Zigarettenqualm auch ganz sicher nebenan ins Nichtraucherabteil geblasen wird. Die Schaffner meinen aber wohl, dass die Klimaanlage genau wisse, dass sie die verqualmte Luft nicht in den Nichtraucherwagen pusten dürfe.

N.N.: Das klingt wieder nach magischem Glauben!

Stuyveboro: In der Tat. Aber es werden nicht nur der Klimaanlage magische Fähigkeiten angedichtet. Gleiches gilt auch für die Luft im Dienstabteil.

N.N.: Was ist da das Besondere?

Stuyveboro: Wenn man die Schaffner darauf aufmerksam macht, dass doch der Qualm ganz automatisch aus dem Dienstabteil entweicht, wenn die Tür geöffnet wird und die nächsten Fahrkartenkontrollen gemacht werden müssen, dann weigern sie sich zumeist ganz hartnäckig, das anzuerkennen.

N.N.: It's magic!

Stuyveboro: Genau. Wahrscheinlich weiß nicht nur die Klimaanlage, dass sie Qualm nicht ins Abteil nebenan befördern darf, sondern der Qualm selbst weiß auch, was sich gehört. Magischer Animismus, würde ich vermuten!

N.N.: Das ist wirklich merkwürdig.

Stuyveboro: Dabei ist ein Schaffner, der im Nichtraucherabteil raucht, so etwas wie ein Bademeister, der als einziger in den Whirlpool pinkelt.

N.N.: Dieser Vergleich hat es Ihnen angetan, was?

Stuyveboro: Er ist ja auch gut. Im Übrigen glauben nicht nur Schaffner an Magie, wenn es um Zigarettenqualm geht.

N.N.: Noch mehr Schamanen im öffentlichen Nahverkehr?

Stuyveboro: Haben Sie schon mal versucht, ein Nichtraucher-Taxi zu bestellen?

N.N.: Wenn ich mir ein Taxi rufe, sage ich nicht extra, dass es ein Nichtrauchertaxi sein soll. Meistens raucht der Fahrer sowieso nicht.

Stuyveboro: Da haben Sie aber bislang wirklich Glück gehabt. Ich habe häufig das Pech, von rauchenden Schamanen gefahren zu werden.

N.N.: So?

Stuyveboro: Ja, das sind Leute, die im Taxi rauchen und glauben, dass es etwas nützt, wenn sie die Zigarette während der Fahrt aus dem geöffneten Fenster halten.

N.N.: Das bringt sicher auch ein bisschen.

Stuyveboro: Ein bisschen ist aber eben viel zu wenig. Wenn ich in ein Taxi einsteige, will ich nicht ein *bisschen* Rauch riechen, denn dann stinke ich beim Aussteigen ja zwangsläufig auch ein *bisschen* nach

Zigaretten. Ich will *gar keinen* Qualm riechen. Und versuchen Sie mal, einem Taxifahrer klarzumachen, dass sich der Rauch einer Zigarette auch dann im Auto verteilt, wenn er das Fenster geöffnet hat.

N.N.: Das wird wohl sehr schwierig, weil Taxifahrer generell kommunikativ etwas, nun ja, besonders sind.

Stuyveboro: Bislang ist es mir noch nicht gelungen, einen rauchenden Taxifahrer von seinem schamanisch-magischen Irrglauben abzubringen, dass ein geöffnetes Fenster die Garantie für ein rauchfreies Auto sei.

N.N.: Ich kann mir lebhaft vorstellen, dass Sie da scheitern.

Stuyveboro: Manchmal ist es sogar so, dass ein Fahrer zunächst das Taxi vollqualmt und dann glaubt, besonders clever zu sein, wenn er einen Flüssigduft-Spender direkt an der Lüftung aufhängt, kurz bevor der Fahrgast einsteigt. Wenn Sie in ein solches Taxi erwischen, dann empfängt Sie eine unglaublich betörende Mischung aus Zigarettenrauch und penetrantem Tannenduft oder unerträglicher Meeresbrise.

N.N.: Welch ein Vergnügen!

Stuyveboro: Ganz spezielle Erfahrungen kann man in dieser Hinsicht auch mit Busfahrern machen, die auf einer Leerfahrt den gesamten Innenraum eines Busses mit Rauch füllen und offensichtlich ebenfalls an die magische Kraft eines kleinen geöffneten Seitenfensters glauben. Zumindest sagen Sie dann Dinge wie: „Ja, ich habe geraucht, aber wissen Sie, ich hatte das Fenster offen!" Der Glaube an die Zauberkräfte dieser Fenster ist nahezu unerschütterlich.

N.N.: Jetzt haben wir die magischen Wurzeln des Nichtraucherschutzes im öffentlichen Nah- und Fernverkehr ausreichend beleuchtet, glaube ich. Ich möchte aber noch mal auf einen ganz anderen Aspekt zu sprechen kommen, den wir zwar schon kurz angesprochen, aber noch nicht abschließend ausdiskutiert haben.

Stuyveboro: Bitte sehr!

N.N.: Wir haben bislang über die Raucher fast immer als Süchtige gesprochen, die gar nicht mehr vernünftig denken können, sondern nur noch ihrer Sucht gehorchen müssen.

Stuyveboro: Ja, das ist richtig.

N.N.: Ich hatte aber vorhin schon mal eingeworfen, dass es auch Raucher gibt, die das Rauchen vor allem als Genuss empfinden und sich ganz bewusst hin und wieder eine Zigarette anzünden.

Stuyveboro: Was soll das ändern?

N.N.: Ich finde, dass man mit den Genussrauchern doch auch vernünftig umgehen kann. Sie sagen ja sinngemäß: Bei Süchtigen hat der Appell an die Vernunft keinen Wert, also muss man Raucher zwingen, mit den Zigaretten Schluss zu machen. Bei Genussrauchern sieht das doch aber offensichtlich anders aus.

Stuyveboro: Zunächst muss man mal klar sagen, dass sich viele sogenannte *Genussraucher* kräftig in die Tasche lügen. Sie halten sich für ungefährdet, weil sie nicht 20, sondern vielleicht nur 2-4 Zigaretten pro Tag rauchen.

N.N.: Das ist ja auch viel weniger.

Stuyveboro: Und dennoch: Selbst bei dieser geringen Dosis steigt z.B. das Herzinfarkt-Risiko ganz erheblich.

N.N.: Das kann ja sein. Meine Frage lautete aber, ob man nicht mit den Genussrauchern anders umgehen muss als mit den schwerstabhängigen Kettenrauchern.

Stuyveboro: Nein, sicher nicht.

N.N.: Können Sie das auch begründen?

Stuyveboro: Ich finde es schon merkwürdig, dass ich hier eine Bringeschuld haben soll. Sie müssten eigentlich erst sagen, wieso man zwischen Genussrauchern und Süchtigen überhaupt unterscheiden muss. Aber gut. Die Begründung ist einfach: Es ist mir egal, ob jemand als inkontinenter Genießer oder als inkontinenter Süchtiger in den Whirlpool pinkelt, in dem ich gerade mit ihm zusammen sitze!

N.N.: Das sind sie wieder, die Whirlpool-Pinkler.

Stuyveboro: Ich will damit sagen, dass mir vollkommen schleierhaft ist, was innerhalb der Raucher-Debatte die Unterscheidung zwischen Genießern und Süchtigen für einen Sinn macht. Natürlich könnte man eher an die Vernunft eines Genussrauchers appellieren, wenn man sich als Nichtraucher belästigt fühlt. Aber die Grundkonstellation muss doch eine andere sein. Nicht der Nichtraucher sollte ständig um reine Luft betteln müssen, sondern der Raucher müsste fragen, ob er sich eine Zigarette anzünden darf.

N.N.: Die Genießer sagen häufig, dass man ihre Freiheitsrechte beschneiden würde, wenn man ihnen den seltenen Genuss einer Zigarette verbietet.

Stuyveboro: Und wie sieht es mit den Freiheitsrechten der Nichtraucher aus? Noch einmal: Ich kann wirklich nicht verstehen, wie man sich auch nur eine einzige Sekunde mit solch absurden, an den Haaren herbeigezogenen Pseudo-Argumenten beschäftigen kann. Wenn ein Genussraucher eine Zigarette raucht, ist das für andere nicht weniger schädlich, als wenn ein Süchtiger qualmt. Es geht hier wirklich in erster Linie darum, dass ein Raucher sich die Freiheit nehmen will, nicht nur sich, sondern auch andere zu schädigen. Warum das immer wieder unter den Tisch fällt, begreife ich nicht.

N.N.: Sie können also nicht verstehen, wenn ein Raucher sich darüber beklagt, dass er bei Wind und Wetter vor die Tür gehen müsste, wenn in Restaurants und Kneipen Zigaretten verboten würden?

Stuyveboro: Natürlich nicht. Wenn ein Whirlpoolbenutzer pinkeln will, muss er raus aus dem Wasser, obwohl es natürlich bequemer wäre, einfach ins warme Wasser zu urinieren. Oder wie sehen Sie das?

N.N.: Sie sind penetrant.

Stuyveboro: Es ist wirklich grotesk, wie viele Menschen plötzlich Mitleid für Raucher empfinden, wenn man über ein Rauchverbot diskutiert. „Dann müssen die ja auch vor die Tür, wenn es regnet! Die Armen!" oder „Kann man das den Rauchern denn zumuten, dass die vier Stunden ohne Zigarette auskommen?"

N.N.: Das habe ich neulich auch gehört.

Stuyveboro: Natürlich kann man den armen Süchtigen zumuten, vor die Tür zu gehen, denn die wirklich Gebeutelten haben schließlich lange genug unter den Giften der Raucher gelitten. Nichtraucher gelten schnell als militant und für Raucher entdecken viele rasch ungeheures Mitleid – in welcher Gesellschaft leben wir eigentlich, muss man sich doch da fragen.

N.N.: Wohl doch noch in einer Rauchergesellschaft...

Stuyveboro: In vielen Betrieben ist ja Gott sei Dank das Rauchen am Arbeitsplatz verboten. Und was machen dort die Raucher? Sie gehen pro Stunde einmal für fünf Minuten vor die Tür, um eine kleine Zigarettenpause einzulegen. Wenn Sie mal aufsummieren, wie lange sich ein Süchtiger auf diese Weise vom Arbeitsplatz entfernt, während der Nichtraucher brav weiterschuftet, dann müssten sie allen Rauchern eigentlich mindestens eine Woche vom Jahresurlaub abziehen.

N.N.: Es gibt ja Firmen, in denen so etwas schon gemacht wird oder in denen sich die Mitarbeiter ausstempeln müssen, wenn sie eine Zigarettenpause machen.

Stuyveboro: Zeit wird es.

N.N.: Herr Stuyveboro, entschuldigen Sie, aber ich muss Sie noch mal was ganz anderes fragen.

Stuyveboro: Was denn?

N.N.: Sehen Sie dort drüben den riesigen Stein, der auf dem Felsen ganz oben liegt?

Stuyveboro: Ja, das ist der berühmte „Wackelstein". Als Kind hat man mir immer erzählt, der Stein sollte im Mittelalter genau dann herunterfallen, wenn der feindliche König den Weg entlang ritt. Aber irgendwann hat man den Koloss dann mit Eisenketten gesichert.

N.N.: Ach so. Ich habe den nur gerade das erste Mal etwas genauer angesehen.

Stuyveboro: Ich dachte, Sie hätten mir zugehört!

N.N.: Ja, das gewiss auch. Ich bin eben immer noch fasziniert von der Umgebung. So hoch oben, der tolle Blick, die geniale Atmosphäre. Und natürlich unsere interessanten Gespräche. Sagen Sie, da steckt doch mehr dahinter, oder?

Stuyveboro: Was steckt wo dahinter?

N.N.: Sie haben mich doch nicht nur deshalb hierher bestellt, damit ich Ihnen als Gesprächspartner beim Entwickeln von Ideen helfe.

Stuyveboro: Wie kommen Sie darauf?

N.N.: Ihre Thesen und Beispiele wirken aber gar nicht so, als wenn Sie noch entwickelt werden müssten. Sie klingen, als seien Sie sich Ihrer Sache sehr sicher und als könne Sie nichts erschüttern. Ich habe jedenfalls nicht den Eindruck, dass ich Ihnen bislang eine große Hilfe beim Denken war.

Stuyveboro: Sie werden sicher bald verstehen, warum Sie mir eine große Hilfe sind.

N.N.: Das will ich hoffen. Ich würde jetzt gerne eine Kleinigkeit essen. Was meinen Sie?

Stuyveboro: Ja, ich habe uns sogar etwas mitgebracht. Sie können den Rekorder ausstellen, denke ich. Wir machen gleich weiter.

N.N.: Gut. Was haben Sie denn Leckeres dabei? Die Tasche sieht –

DIN-genormte Kegelclubs und absurde Schutzgesten

N.N.: Schon erstaunlich, was diese kleinen mp3-Dinger heute leisten. Ich kann mich noch an Zeiten erinnern, in denen ich mit dicken Kassetten losgezogen bin und ein schweres Aufnahmegerät brauchte.

Stuyveboro: Ja, die technische Entwicklung geht rasant weiter. Das erinnert mich daran, dass ich Ihnen unbedingt noch etwas geben muss. Hier – auf diesem Speicher-Stick habe ich noch einige Informationen für Sie zusammengestellt, die Ihnen möglicherweise von Nutzen sein werden.

N.N.: Sehr nett, danke. Wir haben auch noch gar nicht darüber gesprochen, was ich mit dem Tonmaterial anfangen soll, das wir hier produzieren.

Stuyveboro: Das wird sich schon klären. Wenn Ihnen etwas unklar bleibt, nachdem wir uns getrennt haben, dann finden Sie sicher die notwendigen Informationen auf dem Stick.

N.N.: Na gut, dann werde ich meine Neugier mal etwas zügeln und sehen, dass wir vorankommen.

Stuyveboro: Sehr nett von Ihnen!

N.N.: Ich muss gestehen, dass mich Ihre Argumente schon ein bisschen nachdenklich gemacht haben.

Stuyveboro: Nur ein bisschen? Das ist eindeutig zu wenig!

N.N.: Dafür, dass ich mir bislang über das Thema kaum Gedanken gemacht habe, ist „ein bisschen" schon eine ganze Menge.

Stuyveboro: Ich finde ja auch, dass Sie trotz einiger Ignoranz auch Lernfähigkeit beweisen.

N.N.: Das nehme ich jetzt mal als Kompliment. Ach, noch mal zu dem Stick: Ich nehme an, Sie haben Texte darauf gespeichert, oder? In welchem Format sind die denn?

Stuyveboro: Ja, es sind Texte und eine kleine mp3-datei. Die Texte sind alle im PDF-Format, Sie werden keine Schwierigkeiten haben, sie zu lesen.

N.N.: O.K., dann bin ich mal gespannt, was Sie da für mich zusammengestellt haben.

Stuyveboro: Herrliche Luft heute, oder?

N.N.: Ja, das kommt aber auch daher, dass wir nicht nur mitten im Teutoburger Wald, sondern auch noch auf diesem Felsen stehen. Keine Abgase und – ganz wichtig - kein Zigarettenqualm! Wir haben auch Glück, dass hier kaum etwas los ist.

Stuyveboro: So früh am Morgen und dazu noch mitten in der Woche ist es meistens ruhig. Da kommen höchstens ein paar Wanderer, die selten auf die Felsen steigen.

N.N.: Es kostet ja auch Eintritt, wenn man hier hoch will.

Stuyveboro: Eben.

N.N.: So, wo machen wir denn weiter?

Stuyveboro: Sie hatten ja vorhin einmal unsere Debatte über die rauchende Unterschicht ziemlich abrupt beendet.

N.N.: Weil ich da nun wirklich das Gefühl hatte, Sie gehen zu weit. Sie können doch nicht allen Ernstes behaupten, Rauchen sei typisch für bestimmte soziale Schichten. Und Rauchen gar zu einem Phänomen der Unterschicht zu machen, ist geradezu absurd!

Stuyveboro: Absurd vielleicht nicht, aber ganz bestimmt zu plakativ, da haben Sie natürlich recht. Was man sicher nicht behaupten kann, ist, dass nur die Unterschicht raucht oder dass diejenigen, die zur Unterschicht gehören, stets Raucher sind.

N.N.: Aber was genau wollten Sie denn dann mit Ihrer These eigentlich sagen? Sie haben doch den Zusammenhang von Rauchen und Unterschicht in die Debatte geworfen.

Stuyveboro: Gut, dann muss ich das wohl ein bisschen differenzierter ausführen, wenn Sie mich denn diesmal lassen!

N.N.: Nun, wir haben ja gerade etwas gegessen, da bin ich bestimmt geistig wieder aufnahmefähig.

Stuyveboro: Ich versuche mal, etwas weiter auszuholen, damit ich nicht wieder in den Verdacht gerate, zu populistisch zu reden.

N.N.: Ich werde schon darauf achten, dass Sie sachlich bleiben, Herr Stuyveboro!

Stuyveboro: Ich glaube, dass das Rauchen ein merkwürdig ambivalentes Image hat. Einerseits gilt es als cool, wenn wir zum Beispiel an typische Bilder von James Dean denken, der sich lässig eine Zigarette anzündet. Andererseits gehört die Zigarette aber auch zu dem besoffenen Fußball-Fan, der grölend durch die Stadt torkelt, oder zu der heruntergekommenen Mutti, die mit strohigen Haaren und fahler Haut schon morgens in einer Kneipe hängt.

N.N.: Einerseits der coole Rebell, andererseits der soziale Problemfall. Sie bleiben ihren drastischen Beispielen treu.

Stuyveboro: Man muss nun klar sehen, dass es natürlich die coolen Raucher und nicht die sozialen Wracks sind, die vielen Jugendlichen als Vorbild dienen. Wenn Sie mal zurückdenken: Wer war der erste in Ihrer Klasse, der rauchte?

N.N.: Oh, das war ein ziemlich flippiger Typ, der sich auch als erster erfolgreich für Mädchen interessiert hat. Ich muss sagen, ich fand ihn tatsächlich cool. Und der saß dann eines Tages in der Klasse und man konnte sehen, dass er eine Zigarettenschachtel in der Hosentasche hatte.

Stuyveboro: Man hört solche Geschichten immer wieder: Diejenigen, die andere zum Rauchen verführt haben oder die zumindest als heimliches Vorbild dienten, waren coole, rebellische Typen. Aber sie waren es natürlich schon, *bevor* sie mit dem Rauchen angefangen hatten.

N.N.: Natürlich.

Stuyveboro: Nicht das Rauchen selbst ist also cool, sondern diese speziellen Raucher! Es gibt zwar immer nur ein paar von diesen coolen Typen an einer Schule, aber sie haben die unheimliche Gabe, sehr viele andere mitzureißen. Sie geben eine Art unhörbare Erlaubnis, eine Art unsichtbares Startsignal für die Mitläufer, die in der Regel alles andere als cool sind.

N.N.: Ein Startsignal?

Stuyveboro: Stellen Sie sich vor, Sie stehen mit zwanzig anderen Wartenden an einer roten Ampel. Sie überlegen für einen Moment, ob Sie trotz Rotlicht einfach losgehen sollen, zögern aber noch. Und dann gibt es meistens *einen*, der einfach losmarschiert. Und plötzlich folgt die Masse. Doch sie brauchten alle erst dieses Startsignal.

N.N.: Und der coole Typ in meiner Klasse gab dann für viele andere das Startsignal zum Rauchen?

Stuyveboro: Ja, etwas vereinfacht könnte man das so beschreiben. Und wenn die Mechanismen, die Jugendliche zum Rauchen verführen, tatsächlich so funktionieren, dann kann man auch das merkwürdig ambivalente Image des Rauchens zumindest ein wenig erklären.

N.N.: Nämlich wie?

Stuyveboro: Dass wir das Rauchen manchmal mit Coolness, Rebellion und mit Freiheitsdrang verbinden, ist auf diejenigen zurückzuführen, die auch ohne zu rauchen cool sind, und die ihrer besonderen Persönlichkeit zusätzlich durch das Rauchen Ausdruck verleihen.

N.N.: Und die ganz und gar nicht coolen Mitläufer sorgen dann für den Teil des Raucher-Images, das wir mit den grölenden Hooligans assoziieren.

Stuyveboro: Exakt. Ich weiß, dass das zu simpel ist, um das ganze Phänomen zu erklären, aber es ist mit Sicherheit ein Ansatz.

N.N.: Ehrlich gesagt halte ich diese Erklärung noch nicht für besonders tragfähig.

Stuyveboro: Es kommen natürlich neben den Persönlichkeitsmerkmalen auch genetische Faktoren hinzu.

N.N.: Sie glauben an ein Raucher-Gen?

Stuyveboro: Nein, das wäre nun wirklich zu einfach. Aber man konnte bereits in wissenschaftlichen Studien nachweisen, dass genetische Faktoren bestimmen, wie anfällig jemand für eine Nikotinabhängigkeit ist.

N.N.: Was meinen Sie mit „anfällig"?

Stuyveboro: Was die Menge an Nikotin angeht, die man noch aufnehmen darf, ohne in die Gefahr zu geraten, süchtig zu werden, so gibt es unterschiedliche Schwellenwerte, die man auch experimentell nachweisen kann.

N.N.: Fritz ist nach 5 Zigaretten schon gefährdet, Peter könnte noch 10 weitere rauchen, ohne dass er abhängig würde?

Stuyveboro: Ja, so ungefähr. Und manche Menschen schaffen es eben, mit ihrem Zigarettenkonsum stets unterhalb des kritischen Wertes zu bleiben. Sie rauchen, werden aber nicht abhängig. Und wo genau dieser Schwellenwert liegt, scheint genetisch bedingt zu sein.

N.N.: Nun gut, das klingt halbwegs plausibel.

Stuyveboro: Und zusätzlich wird wahrscheinlich nicht nur dieser Schwellenwert genetisch justiert, sondern auch so eine Art generelle Disposition zum Rauchen.

N.N.: Also doch das Raucher-Gen!

Stuyveboro: Nein, man hat lediglich in Befragungen herausgefunden, dass starke Raucher meistens schon mit dem Genuss ihrer ersten Zigarette positive Gefühle verbinden, während spätere Nichtraucher mit ihrem ersten Nikotin-Experiment zumeist Unangenehmes verbinden.

N.N.: Und das soll genetisch bedingt sein?

Stuyveboro: Zumindest ist das eine mögliche Erklärung. So wie eine Eiweiß-Allergie in den Genen steckt, könnte auch eine Form der Nikotin-Unverträglichkeit genetisch verankert sein.

N.N.: Mir tauchen in Ihren Erklärungen zu viele Konjunktive auf. Ich würde mich gerne mal wieder Dingen zuwenden, die man objektiver einschätzen kann.

Stuyveboro: Bitte sehr!

N.N.: Lassen Sie uns doch noch mal über den Image-Wandel reden, den das Rauchen in den letzten Jahrzehnten vor allem in den Medien durchgemacht hat.

Stuyveboro: Der ist sicher beträchtlich: Wenn man sich ältere Filme ansieht oder auch politische Diskussionen, die vor ein paar Jahrzehnten ausgestrahlt wurden, dann konnte man manchmal vor lauter Zigarettenrauch die Personen, die dort diskutieren, gar nicht mehr erkennen.

N.N.: Früher war das Rauchen auch in den Medien viel präsenter und selbstverständlicher. Heute hingegen herrscht in der medialen Öffentlichkeit zumeist ein Rauchverbot.

Stuyveboro: Ausnahmen bestätigen hier die Regel. Ich habe im Internet gesehen, dass in bestimmten Foren sehr energisch darüber debattiert wird, warum in einer NDR-Talkshow immer noch munter gepafft werden darf oder warum in jedem „Tatort"-Krimi mindestens einmal an einem Ort geraucht werden muss, wo es eigentlich unterbleiben sollte.

N.N.: Na ja, das würde ich nicht so eng sehen, denn die Krimis spiegeln doch nur die Wirklichkeit wider. Und im echten Leben wird nun mal geraucht.

Stuyveboro: Mir geht es jetzt auch gar nicht um die Frage, ob man in Talkshows rauchen sollte oder ob ein „Tatort" rauchfrei sein muss. Ich wollte nur die

Anfangsthese stützen, dass die mediale Präsenz des Rauchens in den vergangenen Jahren und Jahrzehnten stetig abgenommen hat, so dass inzwischen eine Talkshow, in der geraucht wird, etwas Besonderes ist.

N.N.: Ja, Mitte der 60er Jahre war das wohl umgekehrt.

Stuyveboro: Ein Vertreter der Tabakindustrie hat einmal in einem Interview davon gesprochen, dass sich das „Grundrauschen" in der Öffentlichkeit geändert hat. Er meinte damit, dass die Akzeptanz des Rauchens immer weniger wurde und dass gleichzeitig der Schutz der Nichtraucher immer stärker in den Vordergrund gerückt wurde.

N.N.: Das stimmt.

Stuyveboro: Und meine These ist nun folgende: In den Zeiten, in denen das Rauchen medial und gesellschaftlich noch nicht so „geächtet" war wie heute, galt es unter Umständen sogar wahlweise als schick oder cool, sich mit der Zigarette in der Öffentlichkeit zu zeigen. Doch mit jeder neuen Nichtraucherzone, die irgendwo eingerichtet wurde, und mit jedem neuen Rauchverbot wuchs auch der Druck auf die Raucher, die sich nun nicht mehr allseits akzeptiert fühlen konnten.

N.N.: Entdecken Sie jetzt plötzlich doch Ihr Herz für die armen, armen Nikotin-Süchtigen?

Stuyveboro: Nein, gewiss nicht. Ich will nur meine These etwas ausführlicher erläutern. Also: Mit dem wachsenden Druck auf die Raucher wurde das Paffen in der Öffentlichkeit von einem allseits akzeptierten Laster zumindest zu einem kleinen Ärgernis. Plötzlich mussten sich Raucher rechtfertigen, sie wurden schief angesehen, wurden in Einzelfällen vielleicht sogar zur Kasse gebeten, wenn sie ein Rauchverbot nicht beachteten.

N.N.: Ich bin überrascht, Sie so reden zu hören.

Stuyveboro: Ich beschreibe doch nur den Wandel des gesellschaftlichen Grundrauschens. Ich will natürlich nicht behaupten, dass die gesellschaftliche Stimmung schon total gekippt ist. Den Rauchern wird es zwar nicht mehr so einfach gemacht wie noch vor ein paar Jahrzehnten, aber es gibt etliche Bereiche, in denen wir immer noch nicht konsequent genug mit ihnen verfahren.

N.N.: So klingen Sie schon wieder etwas normaler, Herr Stuyveboro!

Stuyveboro: Hand in Hand mit der sich wandelnden gesellschaftlichen Grundstimmung ging meines Erachtens auch ein Umdenken bei den Rauchern. Zumindest bei einigen. Und hier kommt jetzt noch mal die Unterschichten-Problematik ins Spiel.

N.N.: Ich warte immer noch auf eine plausible Erklärung.

Stuyveboro: Ich glaube, dass die Unterschicht nicht so sensibel auf die sich ändernde gesellschaftliche Grundstimmung reagiert hat. Während sich der Chefarzt oder der Anwalt häufig überlegt, ob er in der Öffentlichkeit noch ungeniert rauchen sollte, pafft der typische Kneipenbesucher einfach weiter. Nicht nur in den eigenen vier Wänden, sondern auch öffentlich.

N.N.: Ach so. Sie meinen, dass die *Upper Class* auf die zunehmende Ächtung des Rauchens reagiert und nur noch im Privaten qualmt, während die Unterschicht weiterhin auf der Straße, auf Bahnhöfen, vor

Supermärkten, in den Kneipen usw. raucht und sich damit ungewollt angreifbar macht?

Stuyveboro: Natürlich gibt es auch noch die alerten Managertypen, die sich beim Warten auf den ICE eine Zigarette anzünden. Aber wenn ich mit offenen Augen durch eine Fußgängerzone gehe, dann fällt mir doch auf, dass die Raucher ganz oft auch diejenigen sind, die ich – rein äußerlich – zur Unterschicht zählen würde.

N.N.: Ich sage es ganz ehrlich: Ihre Argumente überzeugen mich nicht. Ich wette, dass man genauso viele rauchende Gutverdiener wie Arbeitslose in einer Einkaufsstraße trifft.

Stuyveboro: Dann überzeugen Sie wohl auch harte Zahlen nicht, was? Es gibt nämlich zum Beispiel einen sehr eindeutigen Zusammenhang zwischen Alkohol- und Nikotinsucht: 80 Prozent der Alkoholiker rauchen.

N.N.: Das mag sein, aber sie wollen doch daraus nicht allen Ernstes einen Umkehrschluss vom Rauchen auf Alkoholismus ziehen?

Stuyveboro: Fast 90 Prozent der Menschen, die unter Depressionen oder Schizophrenie leiden, rauchen.

N.N.: Auch hier gilt der Umkehrschluss nicht.

Stuyveboro: Knapp 50 Prozent der 12 bis 15 Jahre alten Kinder, die in der Schule verhaltensauffällig werden, rauchen einer britischen Studie zufolge bereits mehr als 21 Zigaretten pro Woche. Das gilt nur für 10 Prozent der Kinder ohne Verhaltensauffälligkeiten.

N.N.: Und Sie könnten sicher noch viele weitere eindrucksvolle Zahlen aus dem Ärmel zaubern, die ich jetzt nicht überprüfen kann.

Stuyveboro: Ich möchte Ihnen doch lediglich plausibel machen, dass es tatsächlich einen Zusammenhang zwischen bestimmten sozialen Problemgruppen und dem Rauchen gibt und dass z.B. die These, dass in sozialen Randgruppen verstärkt zur Zigarette gegriffen wird, vielleicht mehr ist als nur meine persönliche Beobachtung.

N.N.: Sie sind da vielleicht auch Opfer einer *self-fulfilling prophecy*: Sie glauben, dass die Unterschicht ein besonderes Nikotin-Problem hat und sehen daher auch überall rauchende Randgruppen.

Stuyveboro: Wir werden das Problem jetzt nicht lösen können. Darf ich Ihnen denn noch eine andere Beobachtung schildern?

N.N.: Ich bitte darum. Vielleicht haben Sie ja doch noch etwas Überzeugendes in Reserve!

Stuyveboro: Ich fürchte, es handelt sich wieder bloß um eine sehr privat gefärbte Reihe von Einzelbeobachtungen. Ich fahre ja sehr häufig mit der Bahn und da reise ich manchmal ungewollt auch mit Kegelclubs.

N.N.: Ah, das muss ein Vergnügen sein!

Stuyveboro: Und was ich z.B. zu Weihnachten beobachtet habe, ist Folgendes: Da steht ein Grüppchen Frauen am Bahnsteig, die alle eine lustige Nikolausmütze mit blinkendem Bommel tragen und die alle einen Pappbecher mit Glühwein in der Hand halten. Die Hälfte der Frauen hat eine strohige Hausfrauen-Dauerwelle und fast alle rauchen. Einige können sogar in *einer* Hand gleichzeitig die Zigarette und den Glühweinbecher halten *und* sowohl trinken als auch an der Kippe ziehen.

N.N.: Das müssen beeindruckende Bilder sein, die Sie da sehen!

Stuyveboro: Ja, ganz besonders beeindruckend ist, dass *alle* Clubs gleich sind: Sie singen *alle* die selben Lieder, tragen *alle* die gleichen lustigen T-Shirts mit einem Aufdruck wie „Vize-Weltmeister im Treusein", machen *alle* die gleichen Sprüche und sind daher vollkommen austauschbar. Uschi vom Kegelclub A könnte durch Bärbel aus Kegelclub B ersetzt werden und niemand würde es merken.

N.N.: Ha, ha. Das ist gut!

Stuyveboro: Ich finde das eher erschreckend. Wenn die Clubs wenigstens alle auf ihre Weise durchgeknallt wären, dann könnte man darüber vielleicht hin und wieder lachen. Wenn aber alle nach demselben Schema funktionieren, wenn es so aussieht, als gäbe es eine strenge DIN-Norm für Kegelclubs, dann ist das schon unheimlich.

N.N.: Mag sein. Aber was hat das jetzt mit unserem eigentlichen Thema zu tun?

Stuyveboro: Na ja, bei diesen Clubs, die sich in der Regel aus einer ganz bestimmten sozialen Schicht speisen, gehört eben das Rauchen dazu. Und natürlich rauchen die Kegeltussis und Kegelbrüder mit Vorliebe dort, wo es verboten ist.

N.N.: Und was wollen Sie damit sagen?

Stuyveboro: Ich wollte Ihnen eine von mir häufig gemachte Beobachtung schildern, die das Rauchen mit einer bestimmten sozialen Schicht oder zumindest mit einem bestimmten und im Wortsinn *a-sozialen* Verhalten verknüpft.

N.N.: „Asozial" klingt übertrieben hart.

Stuyveboro: „A-sozial" meint einfach „nicht sozial". Und es ist wohl kaum sozial, wenn ein paar besoffene Kegeltussis einen ganzen Waggon einnebeln.

N.N.: Vielleicht hätten Ihre Thesen mehr Durchschlagskraft, wenn Sie sie etwas moderater formulieren würden.

Stuyveboro: Hinzu kommt, dass das Rauchen in der Öffentlichkeit immer häufiger als Verstoß gegen bestimmte Regelungen gilt. Wenn jemand in einem Nichtraucherabteil oder einem Bus qualmt, dann setzt er sich über bestehende gesetzliche Regelungen oder Normen hinweg.

N.N.: Ja, natürlich.

Stuyveboro: Und auch hier kann ich aufgrund meiner ganz subjektiven Beobachtungen feststellen, dass diejenigen, die sich beim Thema Rauchen wider die Regeln verhalten, zumindest dem äußeren Anschein nach fast immer zu einer bestimmten sozialen Schicht gehören. Bei Kegelclubs und Fußballfans gehört das fast untrennbar dazu. Natürlich rauchen auch viele Jugendliche gerne in Nichtraucherzügen, weil sie wissen, dass sie damit auf sehr einfache Weise gegen die Regeln der Erwachsenen verstoßen können.

N.N.: Rauchen als Protest.

Stuyveboro: Bei den Jugendlichen ist das wohl so. Und bei den Clubs auch ein bisschen die enthemmende Atmosphäre innerhalb der Gruppe. Aber wenn ich eine Einzelperson sehe, die sich im Nichtraucherwagen eine Zigarette anzündet, dann ist es ganz häufig so, dass selbst morgens um neun auch die Bierflasche nicht fehlt und dass es sich zumeist um eine ganz bedauerliche Erscheinung handelt.

N.N.: Solche Typen gibt es eben.

Stuyveboro: Meine These ist nun, dass die Zigarette so eine Art *Accessoire des Asozialen* geworden ist. So wie die Schnapsflasche und die leicht zerrissene und übervolle Aldi-Tüte ist die Fluppe inzwischen eine Art negatives Status-Symbol.

N.N.: Ihre persönlichen Beobachtungen in Ehren, aber ich glaube immer noch nicht, dass Sie mit Ihrer These Recht haben, dass das Rauchen ein Phänomen der Unterschicht ist.

Stuyveboro: Vielleicht gehört eine solche These aber auch zu den politisch nicht korrekten Überzeugungen, die man dann auch besser nicht öffentlich äußern sollte.

N.N.: Noch sind wir allein. Außer uns beiden hört ja niemand, was Sie sagen. Darf ich aus Ihrer Äußerung schließen, dass Sie mich beauftragen werden, unsere Gespräche zu veröffentlichen?

Stuyveboro: Sie sind ein wenig zu spitzfindig, mein Lieber. Ich werde Ihnen schon noch genau mitteilen, welche Pläne ich mit den Dateien habe, die Sie hier aufzeichnen. Und wie gesagt: Alles, was Sie zusätzlich noch wissen müssen, befindet sich auf dem Speicher-Stick, den ich Ihnen gegeben habe.

N.N.: Gut, ich habe verstanden.

Stuyveboro: Noch mal zurück zu Ihrer Skepsis bezüglich meiner Unterschichten-These.

N.N.: Wenn es sein muss...

Stuyveboro: Wenn Sie wissen wollen, welchen Typ Mensch ich meine, wenn ich von der Unterschicht rede, dann sehen Sie sich doch bitte mal die Talk-shows am Vormittag an. Die Leute, die dort auftreten, stammen mittlerweile fast alle aus einem ganz bestimmten sozialen Milieu.

N.N.: Da würde selbst ich Ihnen zustimmen.

Stuyveboro: Und solche Leute sind es dann meistens, die mit einer Zigarette durch eine Nichtraucherzone laufen, die irgendwo mit einer speckigen Jogging-Hose stehen, die Kippe in Augenhöhe ihres Kindes halten oder ihre Kleinen im Auto vollqualmen. Und wenn das häufig genug passiert, dann verknüpft man eben diese besonders asoziale Form des Rauchens mit solchen Typen. Das ist doch gar nicht so schwierig zu verstehen.

N.N.: Sie schließen aus einer Reihe von persönlichen Einzelbeobachtungen auf einen allgemeinen Zusammenhang. Das ist zwar nicht schwierig zu verstehen, aber eben unplausibel.

Stuyveboro: Dann möchte ich Sie auf einen anderen Aspekt hinweisen, der mir im Zusammenhang mit den Rauchern aufgefallen ist und der nicht nur eine bestimmte soziale Schicht betrifft.

N.N.: Da bin ich ja schon fast ein bisschen erleichtert, dass wir dieses unsägliche Thema endlich hinter uns lassen können.

Stuyveboro: Haben Sie schon einmal genau hingesehen, wenn jemand eine Zigarette raucht?

N.N.: Ich denke schon, aber etwas Besonderes konnte ich bislang nicht feststellen. Die Leute rauchen eben. Das ist zumeist sehr unspektakulär!

Stuyveboro: Ich will auch gar nicht behaupten, dass es spektakulär ist. Aber es gibt doch einige typische Rauchergesten, ja vielleicht sogar eine Art Raucher-Scharade!

N.N.: Scharade? Bei einer Scharade, so wie ich sie kenne, muss man einen Begriff erraten, den jemand pantomimisch darstellt.

Stuyveboro: Stimmt.

N.N.: Und Sie meinen, dass die Raucher auch so eine Art Scharade aufführen, wenn Sie ihre Zigaretten qualmen?

Stuyveboro: Ja, das meine ich. Dabei geht es natürlich nicht in erster Linie darum, dass sie durch ihr Verhalten einen bestimmten Begriff ohne Worte darstellen. Man könnte sich aber schon fragen, was denn ein Raucher eigentlich zum Ausdruck bringt, wenn er das typische Raucherverhalten zeigt.

N.N.: Was ist denn das typische Raucherverhalten und was soll ein Raucher dadurch zum Ausdruck bringen?

Stuyveboro: Mit dem typischen Raucherverhalten meine ich den Vorrat an Bewegungen und Gesten, der für Raucher charakteristisch ist. Ich werde Ihnen gleich ein paar Beispiele nennen.

N.N.: Die werde ich auch brauchen…

Stuyveboro: Und dass Raucher durch ihr Verhalten etwas zum Ausdruck bringen, kann man mit Paul Watzlawick erklären.

N.N.: Ist das der Watzlawick, der die „Anleitung zum Unglücklichsein" geschrieben hat?

Stuyveboro: Ja, genau der. Watzlawick hat aber auch Interessantes zum Thema *menschliche Kommunikation* geschrieben. Von ihm stammt zum Beispiel die berühmte These, dass man nicht *nicht* kommunizieren kann.

N.N.: Das klingt erst mal schlicht falsch. Wenn ich nicht kommunizieren will, muss ich doch nichts sagen!

Stuyveboro: Sie wissen selbst, dass auch das Schweigen sehr beredet sein kann. Und im Volksmund heißt es gar: „Auch keine Antwort ist eine Antwort!"

N.N.: Na, wenn Sie es *so* sehen, stimmt das wohl.

Stuyveboro: Eine der wichtigen Erkenntnisse, die Watzlawick gewonnen hat, war, dass unser gesamtes Verhalten stets auch Kommunikation ist. Und da wir uns immer irgendwie verhalten, kommunizieren wir auch immer. Selbst dann, wenn ich irgendwo *nicht* bin, kann das noch sehr kommunikativ sein.

N.N.: Wenn Sie auf meiner Party trotz Einladung nicht erscheinen würden, dann würde ich das schon als deutliches Zeichen Ihrerseits empfinden.

Stuyveboro: Kurz und gut: Verhalten ist Kommunikation und wird auch als solche gedeutet. Und wenn man eine Person beobachtet, dann kann man in der Regel ganz einfach aus ihrem Verhalten schon bestimmte Rückschlüsse ziehen.

N.N.: Dass jemand nervös ist, sieht man.

Stuyveboro: Ja, das ist ein sehr einfaches Beispiel. Manchmal ist unser Verhalten auch eine Art Kommentar zu dem, was wir sagen. Wenn ich „Ich freue mich!" sage, gleichzeitig aber sehr traurig dreinblicke, dann wird meine Aussage ganz anders aufgenommen, als wenn ich über das ganze Gesicht strahle.

N.N.: Machen wir jetzt hier einen Grundkurs in Kommunikationstheorie?

Stuyveboro: Mein Lieber, ich…

N.N.: Sagen Sie nicht immer „Mein Lieber", bitte! Das klingt ein wenig herablassend.

Stuyveboro: Wie Sie wünschen.

N.N.: Danke.

Stuyveboro: Ich wollte Ihnen durch den Hinweis auf Watzlawick und auf die Tatsache, dass unser Verhalten immer als Akt der Kommunikation zu gelten hat, lediglich meine These etwas erläutern.

N.N.: Welche These? Die habe ich inzwischen schon wieder vergessen!

Stuyveboro: Dass Raucher durch ihr typisches Raucherverhalten auch eine bestimmte Botschaft aussenden.

N.N.: Ach ja. Aber Sie sprachen sogar von einer Art „Scharade"…

Stuyveboro: In gewisser Weise könnte man die typischen Verhaltensweisen der Raucher als Scharade auffassen. Da macht jemand seltsame Bewegungen und Grimassen und wir müssen herausfinden, was er uns damit eigentlich sagen möchte.

N.N.: Seltsame Bewegungen und Grimassen sehe ich selten, wenn ich einen Raucher beobachte.

Stuyveboro: Uns erscheint das Verhaltensrepertoire der Raucher schon ganz normal oder vielleicht sogar natürlich zu sein.

N.N.: In der Tat!

Stuyveboro: Aber Rauchen ist ja nichts Natürliches. Zumindest nicht in der Art und Weise, wie zum Beispiel das Essen oder Trinken etwas Natürliches ist.

N.N.: Da würde ich Ihnen Recht geben.

Stuyveboro: Stellen Sie sich doch bitte einmal vor, Sie wüssten nicht, was das Rauchen eigentlich ist, und

Sie hätten noch niemals einen Raucher gesehen. Und nun beobachten Sie zum ersten Mal einen Mann, der mit einem Bekannten im Restaurant sitzt und eine Zigarette raucht.

N.N.: Unglaublich aufregend!

Stuyveboro: Mir geht es doch lediglich darum, aus einer leicht verfremdeten Perspektive auf die Raucher zu blicken und dadurch Dinge wieder sichtbar zu machen, die wir schon lange nicht mehr wahrnehmen, weil sie für uns ganz natürlich und selbstverständlich geworden sind.

N.N.: Gut, ich nehme probeweise die Perspektive ein. Aber ich weiß immer noch nicht, was mir nun Besonderes auffallen soll.

Stuyveboro: Da ist zunächst einmal die typische Körperhaltung eines Rauchers. Nehmen wir das Beispiel von eben. Zwei Personen sitzen sich in einem Restaurant gegenüber, einer raucht. Die brennende Zigarette wird zwischen Zeige- und Mittelfinger gehalten.

N.N.: Sie überraschen mich immer wieder mit ihrem eindrucksvollen Beobachtungstalent!

Stuyveboro: Der Ellenbogen wird zumeist auf dem Tisch aufgestützt und der Arm wird leicht nach schräg hinten gebogen, so dass die brennende Zigarette ein wenig oberhalb Schulter des Rauchenden gehalten wird.

N.N.: Ja, so ist das eben. Eine umständliche Beschreibung dafür, wie ein Raucher eine Zigarette hält, wenn er gerade nicht daran zieht.

Stuyveboro: Mir scheint, dass diese Körperhaltung einen ganz bestimmten Zweck verfolgt. Der Raucher hält die Zigarette so, dass weder er selbst noch sein

Gesprächspartner den Qualm der brennenden Zigarette direkt ins Gesicht bekommt.

N.N.: Ja, natürlich. Wenn Sie sich mit jemandem unterhalten, können Sie dem doch nicht die Zigarette direkt unter die Nase halten.

Stuyveboro: Beim Basketball gibt es doch so eine typische Handbewegung, die man trainieren muss, wenn man gute Freiwürfe hinbekommen will. Zunächst klappt man das Handgelenk nach hinten und dann lässt man es nach vorne schnellen und wirft.

N.N.: Ihre Gedankensprünge sind zuweilen irritierend, Herr Stuyveboro!

Stuyveboro: Die Raucher halten ihre Zigaretten sehr häufig in dieser Basketball-Stellung. Das Handgelenk wird nach hinten geklappt, damit sich der Rauch auch nach hinten und nicht nach vorne ausbreitet.

N.N.: Wenn Sie es so beschreiben wollen - bitte! Aber ich sehe immer noch nicht, worauf Sie eigentlich hinauswollen.

Stuyveboro: Interessant ist doch, dass der Raucher durch seine Körperhaltung zu verstehen gibt, dass er seine Umwelt – und natürlich auch sich selbst – vor dem direkten Kontakt mit dem Zigarettenrauch bewahren möchte. Er hält die Zigarette so, dass der Rauch zunächst niemandem unmittelbar ins Gesicht strömt.

N.N.: Wie gesagt: Dass das so ist, halte ich für ganz selbstverständlich.

Stuyveboro: Dass Ihnen und vielen anderen das selbstverständlich vorkommt, ist Teil des Problems. Jemand, dem das nicht selbstverständlich vorkommt, der würde sich vielleicht darüber wundern, warum sich eine Person zunächst eine Zigarette anzündet und dann hilflose Versuche unternimmt, sich und sein Gegenüber vor dem Qualm zu bewahren. Denn natürlich bringt es rein gar nichts, die Zigarette ein bisschen nach hinten zu halten, vor allem dann nicht, wenn man in einem geschlossenen Raum raucht.

N.N.: Ich stehe immer noch auf dem Schlauch…

Stuyveboro: Es wird gleich klarer, auch für Sie. Denn die Raucher halten ja nicht nur die Zigaretten in dieser typischen Basketball-Weise, sondern Sie blasen auch den zuvor inhalierten Rauch in sehr spezieller Weise in die Raumluft!

N.N.: Ich erwarte gespannt Ihre Erläuterungen…

Stuyveboro: Ebenso wenig wie ein Raucher seinem Gegenüber die Zigarette direkt unter die Nase hält, bläst er ihm den Rauch direkt ins Gesicht. Charakteristisch ist vielmehr Folgendes: Der Raucher dreht den Kopf ganz leicht nach links oder rechts und spitzt dann die Lippen so, dass der Rauch fast seitwärts aus dem Mund strömen kann, wenn er ausatmet.

N.N.: Das haben Sie aber gut beobachtet.

Stuyveboro: Ich beschreibe es absichtlich ein wenig ungewöhnlich, denn Sie haben ja selbst gesagt, dass Sie daran nichts Besonderes erkennen können, weil Sie das alles für selbstverständlich halten.

N.N.: In der Tat. Also: Worauf wollen Sie hinaus?

Stuyveboro: Wenn man es nüchtern und sachlich betrachtet, dann gibt es eigentlich nur zwei Möglichkeiten. Der Zigarettenrauch kann entweder unangenehm oder nicht unangenehm sein. Wenn er angenehm ist, dann braucht der Raucher seine Umwelt davor nicht zu schützen. Wenn er unangenehm und sogar gefährlich ist, sollte der Raucher seine Umwelt davor schützen. Wenn er seine Umwelt schützen will, sollte er effektive Maßnahmen ergreifen. Eine Zigarette ein wenig nach schräg hinten zu halten oder der Versuch, den Rauch am Gesicht des Gegenübers vorbei zu blasen, zählt nicht zu möglichen effektiven Maßnahmen.

N.N.: Eine sehr nüchterne Argumentation.

Stuyveboro: Sie zeigt jedoch, dass dieses seltsame Repertoire an Schutzgesten, das die Raucher entwickelt haben, vollkommen absurd ist und eigentlich nur ihre Hilflosigkeit dokumentiert. Irgendwie ist ihnen schon klar, dass sie weder sich noch ihrer Umwelt mit dem Qualm etwas Gutes tun und irgendwie wollen sie wohl auch die anderen vor den direkten Einflüssen des Zigarettenrauchs bewahren, es fällt ihnen aber nichts besseres ein, als die Zigarette nach schräg hinten zu halten und den Qualm nach schräg vorne zu pusten.

N.N.: Und Sie halten das für ein weiteres Argument gegen das Rauchen?

Stuyveboro: Ich sage nur, dass es ein weiteres Beispiel für die Absurditäten ist, an die wir uns im Zusammenhang mit dem Rauchen bereits gewöhnt haben. Sie lieben ja mein Whirlpool-Beispiel so sehr, gell?

N.N.: Ha, ha, ja, das finde ich in vielerlei Hinsicht überzeugend!

Stuyveboro: Wenn man die absurden Schutzgesten der Raucher auf dieses Beispiel überträgt, dann ist das ungefähr so, als wenn sich ein Mann, der im Whirlpool während eines Gesprächs mit anderen ins Becken pinkeln will, lediglich kurz umdreht oder versucht, den Urinstrahl manuell an den anderen vorbeizulenken, so dass sie nicht direkt getroffen werden.

N.N.: Das würde selbst ich als absurd bezeichnen!

Stuyveboro: Das beruhigt mich. Und jetzt trinken wir erstmal was!

N.N.: Gut, was haben Sie denn mitge--

Atombomben, Rauchergesichter und ein sprunghaftes Ende

N.N.: Da packt der Herr Stuyveboro so früh am Morgen eine Flasche Champagner aus! Der heutige Tag ist voller Überraschungen.

Stuyveboro: Besondere Tage erfordern eben besondere Maßnahmen.

N.N.: Dann haben wir wohl in erster Linie auf den dreißigsten Jahrestag des ersten Treffens mit Ihrer Frau getrunken?

Stuyveboro: Ja, das natürlich auch.

N.N.: Ich wundere mich immer noch darüber, dass Sie diesen Tag nicht alleine oder mit guten Freunden verbringen. Genauer gesagt wundere ich mich darüber, dass Sie den Tag ausgerechnet mit mir hier oben verbringen!

Stuyveboro: Haben Sie noch ein wenig Geduld, bitte. Ich denke, wir sind auch gleich am Ende unserer Gespräche.

N.N.: Oh, das ging aber dann doch recht schnell.

Stuyveboro: Nun, viele Argumente wiederholen sich und ich glaube, dass ich einen großen Teil der Botschaft schon ausreichend deutlich formuliert habe. Auch dank Ihrer Hilfe!

N.N.: Sehr nett von Ihnen. Dann war die allmähliche Verfertigung der Gedanken also erfolgreich?

Stuyveboro: Ja, das kann man so sagen.

N.N.: Aber wir haben zum Beispiel noch gar nicht ausführlich über die Rolle der Tabakindustrie gesprochen.

Stuyveboro: Da gibt es auch gar nicht viel zu sagen.

N.N.: Das aus Ihrem Munde zu hören, überrascht mich sehr!

Stuyveboro: Ich will damit auch keineswegs behaupten, dass die Tabakindustrie in dem ganzen Spiel keine bedeutende Funktion besitzt.

N.N.: Sondern?

Stuyveboro: Die Rolle ist vielmehr so eindeutig und klar, dass man nicht viele Worte darüber verlieren muss.

N.N.: Vielleicht sagen Sie dennoch ein bis zwei Sätze zu diesem Thema?

Stuyveboro: Eigentlich ist es wie in einem drittklassigen Film voller billiger Klischees: Es gibt eine mächtige Lobby, Politiker und Mediziner, die sich kaufen lassen, Täuschungsmanöver, Salami-Taktiken usw.

N.N.: Werden Sie doch mal etwas konkreter, Herr Stuyveboro. In dieser Form wirken Ihre Anschuldigungen etwas platt.

Stuyveboro: Das mag sein. Und möglicherweise habe ich auch schon ein wenig resigniert angesichts der Verstrickungen von Politik und Tabakindustrie und angesichts der Scheinheiligkeit der Zigarettenhersteller.

N.N.: Präzisieren Sie doch bitte wenigstens einen dieser Punkte!

Stuyveboro: Nun gut. Wenn man verdeutlichen will, in welch erbärmlicher Weise sich die Politik von der Tabaklobby leiten lässt, dann muss man nur auf eine

Sitzung der Fraktionsspitzen von SPD und CDU hinweisen, die Ende 2006 stattfand und in der es um die Verbesserung des Nichtraucherschutzes gehen sollte.

N.N.: Was war an dieser Sitzung so ungewöhnlich? Sie diente doch einem guten Ziel!

Stuyveboro: Das könnte man in der Tat vermuten, wenn nicht die Tischvorlage, auf deren Grundlage entschieden wurde, wortwörtlich vom VDC, dem „Verband der Cigarettenindustrie", übernommen worden wäre. Die Tabaklobby diktiert den Politikern die Handlungsrichtlinien. Dass dieser Satz nicht einmal metaphorisch, sondern wörtlich zu verstehen ist, zeigt das unfassbare Versagen der politisch Verantwortlichen.

N.N.: Das klingt allerdings wie eine Szene aus einem schlechten Film. Dass so etwas in Deutschland möglich ist, verwundert doch sehr.

Stuyveboro: Sie verstehen wohl, dass man angesichts solcher Tatsachen kaum noch darüber nachdenken muss, warum die Diskussion über Rauchverbote in Deutschland eine sehr spezielle ist.

N.N.: Allerdings. Glauben Sie eigentlich, dass man durch Gesetze und Werbeverbote das Zigaretten-Problem überhaupt lösen kann?

Stuyveboro: Nein, sicher nicht. Schärfere Gesetze und Werbeverbote werden bestenfalls dazu führen, dass die Raucherzahlen ein wenig zurückgehen, aber auf dieser Ebene lässt sich das gesamte Problem sicher nicht erfolgreich bekämpfen.

N.N.: Gibt es denn aus Ihrer Sicht einen Lösungsansatz, der erfolgreich sein könnte?

Stuyveboro: Zunächst muss man ja festhalten, dass schärfere Gesetze und Verbote niemals dazu führen werden, dass niemand mehr raucht. Aber dennoch sind striktere Richtlinien natürlich sinnvoll, wenn man sie primär als Maßnahmen zum Schutz der Nichtraucher begreift. Man muss die Süchtigen eben davon abhalten, in der Gegenwart anderer Menschen Krebs erregende Stoffe in die Atemluft zu blasen. Das geht nach den Erfahrungen der letzten Jahre und Jahrzehnte nicht durch Appelle an Vernunft und Freiwilligkeit, sondern nur durch die Androhung von harten Sanktionen.

N.N.: Ich bin gespannt, wie die aktuelle Debatte über Rauchverbote wohl in zwanzig oder dreißig Jahren beurteilt werden wird. Ob man dann noch nachvollziehen können wird, wieso man das Rauchen im 21. Jahrhundert im öffentlichen Raum vielerorts noch geduldet hat?

Stuyveboro: Mit Sicherheit nicht. Kennen Sie das Schlagwort „Duck and Cover"?

N.N.: Nein. Was bedeutet es?

Stuyveboro: Es stammt aus einem Film, den das US-Militär Anfang der fünfziger Jahre vor allem für Kinder produziert hat. Darin wurde den Kleinen geraten, dass sie sich im Fall einer Atombombenexplosion nach dem Grundsatz „duck and cover" verhalten sollten.

N.N.: Aha. "Duck and cover". Womit soll man sich denn am besten bedecken, wenn nebenan eine Atombombe explodiert?

Stuyveboro: In dem Film tritt eine Zeichentrick-Schildkröte auf, die den Kindern den Rat gibt, sich z.B. eine Zeitung über den Kopf zu halten, wenn eine Atombombe explodiert ist.

N.N.: Oh, mein Gott!

Stuyveboro: Es werden weitere, aus heutiger Sicht haarsträubende Empfehlungen gegeben, die auf einer abstrusen Verharmlosung der Gefahren eines Atomschlags beruhen. Aus der Perspektive des 21. Jahrhunderts ist kaum noch nachzuvollziehen, dass eine Gesellschaft so naiv mit diesem Thema umgehen konnte.

N.N.: So, und jetzt haben Sie ganz wunderbar den Brückenschlag von den Atombomben zu den Zigaretten vorbereitet, nicht wahr?

Stuyveboro: Ich will natürlich Atombomben und Zigaretten nicht direkt vergleichen. Aber Sie hatten ja gefragt, ob man in ein paar Jahrzehnten noch nachvollziehen können wird, dass wir Anfang des 21. Jahrhunderts so sorglos und blind mit den Gefahren des Rauchens umgegangen sind. Und hier ist die Analogie schon passend: Wir werden im Jahre 2050 kopfschüttelnd vor einem Filmausschnitt aus dem Jahr 2006 sitzen, wenn dort ein Erwachsener in der Gegenwart eines Kleinkindes raucht oder wenn es vierzig Leute in einem Restaurant stillschweigend dulden, dass ihnen fünf Raucher die Atemluft vergiften.

N.N.: Ich möchte noch einmal auf meine Eingangsfrage zurückkommen: Dass Rauchverbote nicht gegen das Rauchen selbst helfen, aber zumindest die Nichtraucher besser schützen, ist ja nun deutlich geworden. Aber wenn Verbote und Gesetze nicht helfen, wie könnte man denn dann das Problem sozusagen an der Wurzel packen? Wie lässt sich das Rauchen selbst wirksam bekämpfen?

Stuyveboro: Ich bin sehr skeptisch, ob das überhaupt möglich sein wird. Süchtig wird man ja durch das Nikotin. Einige schneller, einiger langsamer. Oder genauer: Es gibt einen Nikotin-Grenzwert, dessen Überschreitung zur Sucht führt und der bei unterschiedlichen Menschen unterschiedlich hoch liegt. Franz hat nach der zweiten Zigarette den kritischen Punkt schon erreicht, Gustav erst nach der fünften. Wir hatten vorhin schon einmal darüber gesprochen.

N.N.: Und wie kann man diese Erkenntnis nutzen?

Stuyveboro: Wenn man den Nikotin-Gehalt der Zigaretten so weit absenken würde, dass selbst ein Kettenraucher niemals seinen persönlichen Sucht-Grenzwert überschreiten würde, dann wäre das zumindest eine theoretisch denkbare Lösung.

N.N.: Aber dann hätte man ja wohl den Zigaretten genau *das* genommen, was sie de facto so attraktiv macht.

Stuyveboro: Ich weiß selbst, dass es Zigaretten, die nicht süchtig machen, niemals geben wird, solange die Zigarettenindustrie die Raucher, die wegsterben, immer wieder durch neue Süchtige ersetzen muss.

N.N.: Das ist wieder sehr polemisch formuliert. Menschen, die Brötchen kaufen, sterben auch irgendwann. Nicht nur die Zigarettenindustrie, sondern auch der Bäcker nebenan muss sich stets um neue Kunden bemühen.

Stuyveboro: Aber er verkauft den Kunden keine giftigen Brötchen.

N.N.: Ich will mich jetzt auf diese Scharmützel nicht wieder einlassen.

Stuyveboro: Geradezu beruhigend ist es ja, dass die Natur die Raucher in der Regel nicht nur mit einem früheren Tod bestraft, sondern auch schon zu Lebzeiten Zeichen setzt.

N.N.: Die Natur setzt Zeichen?

Stuyveboro: Ja, natürlich. Fragen Sie doch mal einen Mediziner, was er unter einem Rauchergesicht versteht!

N.N.: Unter einem Rauchergesicht?

Stuyveboro: Jetzt tun Sie mal nicht so ahnungslos! Sie wissen doch genau, dass man vielen Rauchern ihre Sucht ansieht.

N.N.: Ach ja?

Stuyveboro: Bei Rauchern wird zum Beispiel die Gesichtshaut nicht so gut durchblutet wie bei einem Nichtraucher. Die Folge davon ist, dass sehr viele Raucher, übrigens weitaus mehr Frauen als Männer, einen typischen, grau-fahlen Teint bekommen und außerdem oft sehr hager wirken.

N.N.: Da kann ich zur Abwechslung mal nicht widersprechen. Meistens gesellen sich nämlich zur fahlen Haut auch die charakteristischen Falten und merkwürdig strohige Haare.

Stuyveboro: Gut, dass Sie das jetzt selbst sagen. Es ist – insbesondere für einen Mediziner – manchmal ganz leicht, einen Raucher zu erkennen. Was die Säufernase für den Alkoholiker, ist das Rauchergesicht für den Nikotin-Süchtigen.

N.N.: Gott sei Dank gilt das nicht immer.

Stuyveboro: Und wenn man bedenkt, wie überdeutlich und gravierend diese äußerlichen Veränderungen durch das Rauchen sein können, dann muss man sich vor allem darüber wundern, dass gerade Frauen, die ansonsten sehr viel Wert auf ihr Äußeres legen, freiwillig zur Zigarette greifen.

N.N.: Das stärkt doch Ihre These, dass Raucher wider besseres Wissen und nicht vernünftig handeln.

Stuyveboro: Erst investieren sie ein Vermögen in Zigaretten, dann in Beauty-Cremes und Schönheits-Operationen.

N.N.: Wie gesagt: Es gibt solche Fälle. Aber längst nicht jeder Raucher bekommt automatisch ein typisches Rauchergesicht.

Stuyveboro: Das ist natürlich richtig.

N.N.: Und manchmal bekommen sogar – verzeihen Sie mir den Ausdruck! – militante Nichtraucher ein Rauchergesicht.

Stuyveboro: Ha, ha. Sehr charmant formuliert. Ich verzeihe Ihnen nicht nur den Ausdruck - ich weiß natürlich auch, worauf Sie hinauswollen.

N.N.: Tatsächlich? Das wäre mir jetzt aber doch etwas unangenehm.

Stuyveboro: Das muss Ihnen nicht unangenehm sein. Ich weiß ja selbst, dass ich nicht wie das blühende Leben aussehe und dass man an mir die charakteristischen Merkmale eines Rauchergesichts studieren kann. Ich konnte Ihre Blicke während der letzten Minuten sehr leicht deuten.

N.N.: *(räuspert sich)* Nun ja, wenn Sie schon so offen damit umgehen, dann kann ich es ja zugeben: Sie sehen schon aus wie ein typischer Raucher. Aber das zeigt doch nur, dass eben nicht nur Raucher, sondern auch Nichtraucher ein Rauchergesicht haben können und dass ihre Thesen manchmal ein wenig zu simpel sind.

Stuyveboro: Falsch.

N.N.: Falsch? Wie soll ich das denn jetzt verstehen? Ich sage es noch mal: Sie haben ein Rauchergesicht. Und Sie sind Nichtraucher. Rauchergesichter sind weder eine zwangsläufige Folge des Rauchens noch erwischt es nur Raucher. Und Sie dienen mir hier als lebendes Beispiel.

Stuyveboro: Ich muss Ihnen leider sagen, dass nicht meine, sondern Ihre Thesen und Vermutungen manchmal zu simpel sind.

N.N.: Dann bitte ich Sie höflichst darum, sofort für Komplexität und Klarheit zu sorgen, Herr Stuyveboro!

Stuyveboro: Sie haben Recht: Ich bin Nichtraucher und ich kann auch mein Rauchergesicht nicht leugnen.

N.N.: Na bitte!

Stuyveboro: Aber ich bin erst seit einigen Monaten Nichtraucher!

N.N.: Wie bitte? Das kann ich kaum glauben. Das ist... das ist... eine echte Überraschung, das hätte ich niemals vermutet.

Stuyveboro: Und ich gehörte zu den wirklich starken Rauchern. Zwei Packungen pro Tag waren normal, manchmal sogar mehr.

N.N.: Ausgerechnet Sie!

Stuyveboro: Ich war extrem unbelehrbar und militant. Mich haben Verbote selbstverständlich nicht davon abgehalten, mir meine geliebten Zigaretten anzuzünden. Nichtraucher waren für mich immer überdrehte Spinner mit überzogenem Gesundheitsbewusstsein.

N.N.: Sie sehen mich sprachlos…

Stuyveboro: Meine Kollegen hatten es schwer mit mir. Und am meisten hat meine Frau unter dem ständigen Qualm zu leiden gehabt.

N.N.: Ihre Frau war Nichtraucherin?

Stuyveboro: Ja, sie hat in ihrem Leben keine einzige Zigarette geraucht.

N.N.: Was hat sie denn zu ihrer Kettenraucherei gesagt?

Stuyveboro: Sie hat fürchterlich darunter gelitten und mich immer wieder gebeten, ermahnt und gedrängt, mit dem Rauchen Schluss zu machen.

N.N.: Und wie haben Sie reagiert?

Stuyveboro: Gar nicht. Ich habe immer weiter geraucht. Kamelia und ich haben ja ständig gemeinsam in unserem Büro gearbeitet. Sie an ihren Büchern, ich an meinen Texten. Und Sie können sich vielleicht vorstellen, wie es sein muss, wenn Sie als Nichtraucher mit einem Schwerstabhängigen den ganzen Tag in einem Raum verbringen.

N.N.: Warum ist Ihre Frau denn nicht in ein anderes Zimmer ausgewichen?

Stuyveboro: Wir hatten das Büro in unserem Haus mit großem Aufwand behindertengerecht eingerichtet. Und außerdem wollte Sie gerne in meiner Nähe sein. Und ich habe mich natürlich auch darüber gefreut, dass Sie fast immer bei mir war.

N.N.: Ich verstehe.

Stuyveboro: Wir haben unsere gemeinsame Zeit auch wirklich sehr genossen und es als Privileg empfunden, dass wir zusammen zu Hause arbeiten konnten.

N.N.: Wenn nur das Rauchen nicht gewesen wäre…

Stuyveboro: Ja, wenn nur das Rauchen nicht gewesen wäre.

N.N.: Darf ich fragen, warum Sie vor ein paar Monaten dann doch mit dem Rauchen aufgehört haben?

Stuyveboro: Ja, das dürfen Sie. Ich habe an dem Tag aufgehört, an dem festgestellt wurde, dass meine Frau unheilbar an Lungenkrebs erkrankt ist.

N.N.: Oh mein Gott!

Stuyveboro: Zwischen der Diagnose und ihrem Tod lag nicht einmal ein halbes Jahr.

N.N.: Das ist ja fürchterlich.

Stuyveboro: Ein befreundeter Arzt, der mich immer wieder vom Rauchen abbringen wollte, hat mir einmal gesagt, dass ich Kamelia irgendwann mit meiner Qualmerei ins Grab bringen werde.

N.N.: Das hat er zu Ihnen in dieser Weise gesagt?

Stuyveboro: Er wusste, dass ich – wenn überhaupt – nur aus Liebe zu Kamelia mit dem Rauchen aufhören würde. Er wollte mir eine sehr drastische Warnung geben, die ich leider ignoriert habe.

N.N.: Sie fühlen sich verantwortlich für den Tod Ihrer Frau?

Stuyveboro: Ich *bin* verantwortlich für den Tod meiner Frau. Kamelia hat dreißig Jahre lang fast jeden Tag gemeinsam mit mir verbracht und dreißig Jahre lang meine Zigaretten mitgeraucht. Ich glaube, dass der Fall hier sehr, sehr klar liegt.

N.N.: Ich bin kein Mediziner.

Stuyveboro: Wissen Sie, was das Schlimmste ist? Kamelia hat mir bis zu Ihrem Tod niemals einen Vorwurf gemacht. Sie hat mir niemals auch nur eine

Mitschuld an ihrer Erkrankung gegeben. Dieses Thema war tabu.

N.N.: Ihre Frau hat vielleicht geahnt, welche Schuldgefühle Sie gequält haben.

Stuyveboro: Warum hat der Lungenkrebs meine Frau geholt und nicht mich? Das ist eine Frage, die mich seither beschäftigt.

N.N.: Das kann ich gut verstehen.

Stuyveboro: Gar nichts können Sie. Sie haben überhaupt keine Ahnung, was in mir vorgeht.

N.N.: Entschuldigen Sie bitte, ich wollte Ihnen nicht zu nahe treten.

Stuyveboro: Jetzt dürfte Ihnen aber zumindest klar sein, warum wir uns hier getroffen haben.

N.N.: Dass es etwas mit dem Tod Ihrer Frau zu tun hat, wäre mir jedenfalls nicht in den Sinn gekommen.

Stuyveboro: Ich habe sie ja auch nicht wegen Ihres besonderen Scharfsinns ausgewählt. Ich habe Sie im Grund gar nicht ausgewählt. Wichtig ist nur, dass Sie das alles hier gut dokumentieren. Diesen Job kann im Prinzip jeder erledigen, der ein Aufnahmegerät bedienen kann!

N.N.: Vielen Dank für Ihre Wertschätzung, Herr Stuyveboro. Ich denke, wir beenden dann besser das Gespräch.

Stuyveboro: Nicht so schnell, nicht so schnell. Ich will Sie ja nicht mit leeren Händen nach Hause schicken. Wer wird sich schon für die Aufnahmen, die Sie bislang gemacht haben, interessieren? Ein alternder, trauernder Publizist, der sich schuldig fühlt am Tod seiner Frau? Damit werden Sie niemanden hinter dem Ofen hervorlocken.

N.N.: Sie glauben doch nicht ernsthaft, dass ich versuchen werde, aus unseren Gesprächen Kapital zu schlagen. Ich bin hier nicht auf der Suche nach journalistischen Sensationen.

Stuyveboro: Das sagen Sie nur, weil es bislang noch keine gibt, über die Sie berichten könnten.

N.N.: Herr Stuyveboro, auch wenn das Ihr Weltbild erschüttert: Ich habe kein Interesse daran, die Interviews irgendwie zu vermarkten.

Stuyveboro: Es gibt einen einfachen Weg, das herauszufinden. Schauen Sie bitte einmal nach, ob Sie den mp3-Stick noch in der Tasche haben, den ich ihnen vorhin gegeben habe.

N.N.: Ja, natürlich.

Stuyveboro: Sie finden darauf unter anderem einen sehr wichtigen Text, der nur für Sie bestimmt ist. Sie müssen versprechen, ihn zu lesen.

N.N.: Das werde ich mit Sicherheit tun.

Stuyveboro: Gut. Dann wollen wir doch mal sehen, ob Sie der Versuchung widerstehen können, einen echten Knaller exklusiv in ihrem Blättchen unterzubringen. (*Man hört ein Rascheln*).

N.N.: Was tun Sie da?

Stuyveboro: Das sehen Sie doch! Ich zünde mir eine Zigarette an. (*Geräusch eines Feuerzeugs*)

N.N.: Warum tun Sie das? Was soll das werden?

Stuyveboro: Ich liefere Ihnen jetzt genau das, was Sie brauchen, um aus unserem Treffen doch noch eine große Geschichte zu machen.

N.N.: Sie sprechen in Rätseln, Herr Stuyveboro. Das wird mir langsam wirklich zu bunt.

Stuyveboro: Als Schlagzeile empfehle ich „Wegen seiner Frau: Stuyveboro springt in den Tod!". Oder etwas Ähnliches. Sie haben die freie Auswahl.

N.N.: Jetzt hören Sie aber langsam auf. Es ist gut. Sie sind ja völlig durchgedreht. Soll ich einen Arzt rufen? Sie sehen fürchterlich aus!

Stuyveboro: Bleiben Sie, wo Sie sind. Lassen Sie mich in Ruhe. *(Schnelle Schritte)*

N.N.: Nein, tun Sie das nicht! *(Man hört zahlreiche Geräusche. Offensichtlich klettert Stuyveboro in diesem Moment über das Sicherheitsgitter der Aussichtsplattform. Das Aufnahmegerät fällt zu Boden.)*

N.N.: Ich flehe Sie an... Oh Gott... *(Stille. Nach kurzer Zeit ein dumpfes Geräusch. Schnelle Schritte. Ende der Aufnahme.)*

Danke für alles, Jan-Philip.